Heike Homrighausen

Klett

ICH KANN ... MATHE

BRÜCHE UND DEZIMALZAHLEN
5./6. KLASSE

ÜBEN UND VERSTEHEN IN KLEINEN SCHRITTEN

Klett Lerntraining

Heike Homrighausen ist Gymnasiallehrerin für Mathematik, in der Lehreraus- und -weiterbildung tätig und Autorin von Lernhilfen.

Bibliografische Information der Deutschen Nationalbibliothek
Die Deutsche Nationalbibliothek verzeichnet diese Publikation in der Deutschen Nationalbibliografie; detaillierte bibliografische Daten sind im Internet über https://dnb.dnb.de abrufbar.

2. Auflage 2025

www.klett-lerntraining.de

Redaktion: Ulrike Klein, Berlin; Julia Mühleisen
Coverfoto: Shutterstock, New York: U1 (Nadya_Art); U1 (Red Fox studio)
Satz: DTP-Studio Andrea Eckhardt, Göppingen
Druck: Gebr. Geiselberger GmbH, Altötting
Printed in Germany
ISBN 978-3-12-927642-6

Inhaltsverzeichnis

Kompetenzübersicht

1 Brüche

Ich kann …

2 Mit Brüchen rechnen

Ich kann …

3 Dezimale Schreibweise für Brüche – Dezimalbrüche

Ich kann …

4 Rechnen mit Dezimalbrüchen

Ich kann ...

Liebe Schülerin, lieber Schüler,

mit diesem Buch kannst du den Themenbereich „Brüche und Dezimalbrüche/Dezimalzahlen" wiederholen und üben – in ganz kleinen Schritten.

kompetent sein = etwas können

Der komplette Stoff ist **Kompetenzen** zugeordnet – die kennst du vielleicht aus der Schule. Kompetenzen fangen immer mit dem Satz „Ich kann …" an und beschreiben genau, was du können musst.

So arbeitest du mit dem Buch:
Suche dir im Inhaltsverzeichnis das Thema heraus, das du wiederholen möchtest. (Suchst du nach einer einzelnen Kompetenz, findest du sie in der Kompetenzübersicht.)

Schritt 1:

Kompetenzcheck

Überprüfe, wie fit du bist und löse die Aufgaben im Kompetenzcheck. Jeder Aufgabe ist einer Kompetenz (Ich kann …) zugeordnet.

Überprüfe deine Ergebnisse mit den Lösungen. Die passende Seitenzahl findest du unter den Smileys.

Hake den entsprechenden Smiley ab:
☺ = richtig gelöst
😐 = teilweise richtig gelöst
☹ = nicht richtig gelöst
Dann siehst du, welche Themen du schon gut kannst oder was du noch üben solltest.

Schritt 2:

Schritt-für-Schritt-Erklärungen

Lies die Erklärungen gründlich durch. Hier findest du alle wichtigen Fachbegriffe und Formeln. Alles ist ganz kleinschrittig und mit vielen Beispielen erklärt, damit du leicht verstehst, wie du vorgehen musst und was du beachten solltest.

Schritt 3:

Übungsaufgaben

Löse die Übungsaufgaben. An den Punkten neben der Aufgabennummer siehst du, wie schwierig die Aufgabe ist. (●○○ = leicht, ●●○ = mittel, ●●● = schwierig)

Die Lösungen zu den Aufgaben findest du hinten im Buch. Sei ehrlich zu dir selbst und sieh erst nach, wenn du Aufgaben fertig bearbeitet hast.

Schritt 4:

Abschlusskompetenzcheck

Wenn du ein ganzes Kapitel abgeschlossen hast, teste dich mit dem Abschlusskompetenzcheck. Er enthält Aufgaben zu allen Kompetenzen des Kapitels.

Überprüfe deine Ergebnisse mit den Lösungen hinten im Buch und hake richtig gelöste Aufgaben ab.

Wir wünschen dir viel Erfolg!

1 Brüche

Brüche sind Anteile

Kompetenzcheck

Ich kann …	Aufgabe	Ergebnis
… Anteile durch einen Bruch beschreiben.	**Aufgabe 1** Schreibe die gefärbten Anteile als Bruch. a) 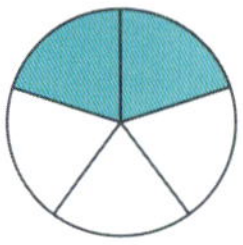 ______ b) 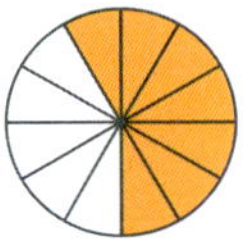 ______ c)  ______ d) 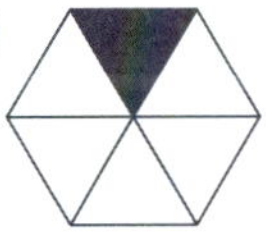 ______ e)  ______	→ S. 118
… Brüche als Anteile darstellen.	**Aufgabe 2** Färbe jeweils den Anteil der Figur. a) 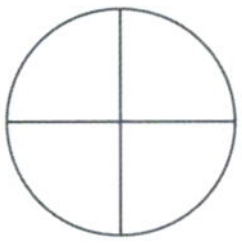 $\frac{3}{4}$ b) 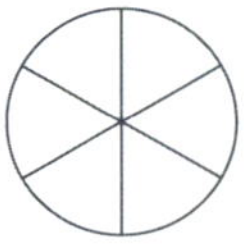 $\frac{1}{3}$ c) 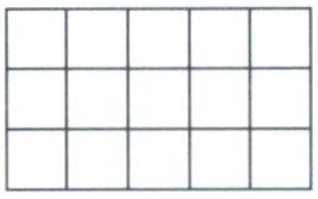 $\frac{2}{5}$ d)  $\frac{5}{8}$	→ S. 118

Schritt-für-Schritt-Erklärung

Fachbegriffe

Brüche beschreiben **Anteile** an einem Ganzen.
Ein Bruch besteht aus einem **Bruchstrich**. Die Zahl über dem Bruchstrich heißt **Zähler**, die Zahl unter dem Bruchstrich heißt **Nenner**.
Der Zähler zählt die einzelnen **Teile**, der Nenner nennt, in wie viele **gleich große Teile** das Ganze geteilt wird.
Brüche spricht bzw. schreibt man so:
Der Zähler ist eine Zahl.
Beim Nenner hängt man an Zahlen ab 4 das Wort **-tel** an, z. B. Vier**tel**, Fünf**tel**, Sechs**tel**, …

$\frac{3}{4}$ ← Zähler (3), ← Bruchstrich, ← Nenner (4)

$\frac{3}{4}$ bedeutet:
Teile das Ganze in 4 gleich große Teile und nimm 3 davon.

Eine Pizza wird auf 4 Personen verteilt. Dann erhält jeder ein Viertel.

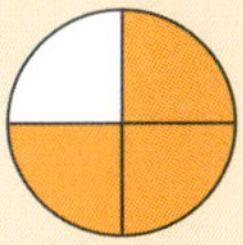

Beispiele:

a) $\frac{3}{4}$ drei Viertel b) $\frac{2}{5}$ zwei Fünftel c) $\frac{9}{10}$ neun Zehntel

Ausnahme:
Nenner 2: Halbe
Nenner 3: Drittel

Ein **Ganzes** hat 2 Halbe, 3 Drittel, 4 Viertel, … $1 = \frac{2}{2} = \frac{3}{3} = \frac{4}{4} = \ldots$

Es gibt:

- echte Brüche: Der Zähler ist kleiner als der Nenner. $\frac{1}{2}; \frac{2}{3}; \frac{7}{10}$
- Stammbrüche: Der Zähler ist 1. $\frac{1}{2}; \frac{1}{3}; \frac{1}{4}; \frac{1}{8}$
- unechte Brüche: Der Zähler ist größer als der Nenner. $\frac{3}{2}; \frac{9}{4}; \frac{17}{10}$
- ganze Zahlen: Der Nenner ist 1. $\frac{2}{1} = 2; \frac{3}{1} = 3; \frac{10}{1} = 10$

Unechte Brüche kann man als gemischte Zahlen schreiben.

So gehst du vor

So kannst du Anteile bestimmen:

1. **Zähle** alle hervorgehobenen bzw. markierten Teile. Diese Zahl schreibst du in den Zähler.
2. **Bestimme**, aus wie vielen (gleich großen) Teilen **das Ganze** (die ganze Figur) besteht. Diese Zahl schreibst du in den Nenner.

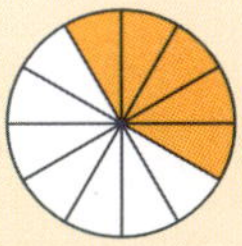

$\frac{5}{12}$

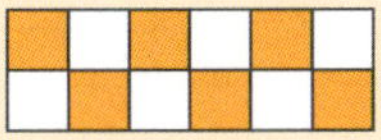

$\frac{6}{12}$

Achte darauf, dass alle Anteile gleich groß sind. Die markierten Teile müssen nicht zusammenhängen.

So gehst du vor

So kannst du Anteile darstellen:

1. Unterteile die Figur in so viele **gleich große Teile**, wie im Nenner stehen.
2. **Färbe so viele Teile**, wie im Zähler angegeben sind.

Markiere $\frac{1}{6}$.

a)

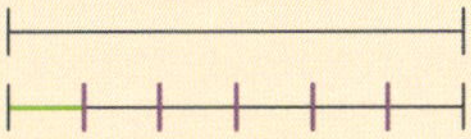

b)

Übungsaufgaben

Aufgabe 1

Welche Figur gehört zum angegebenen Bruch? Kreuze an.

a) $\frac{1}{4}$ 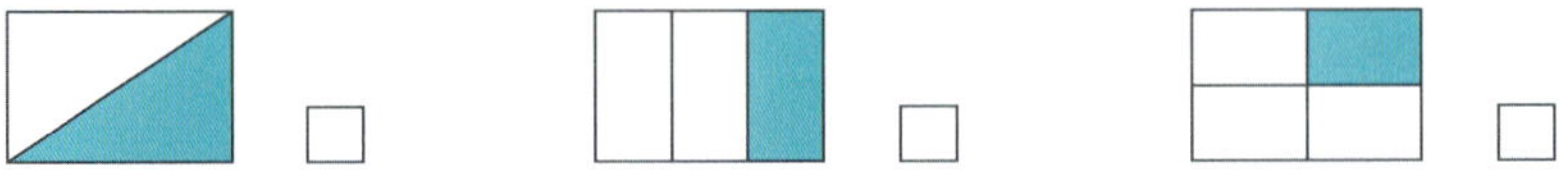

b) $\frac{3}{5}$ 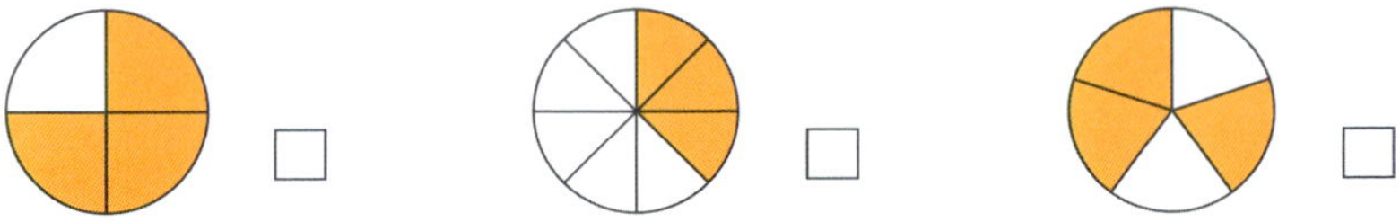

c) $\frac{2}{3}$ 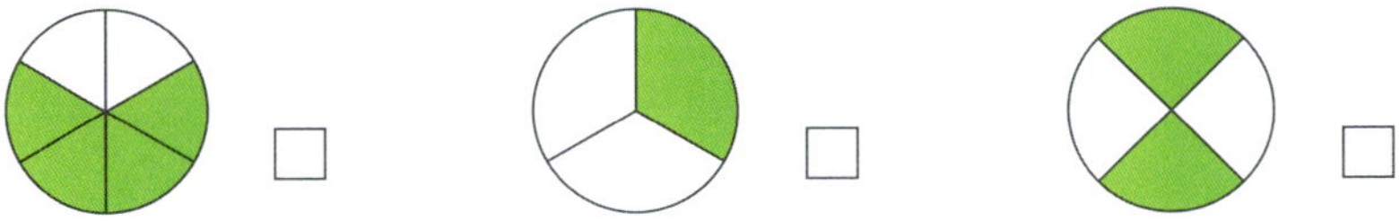

d) $\frac{2}{8}$ 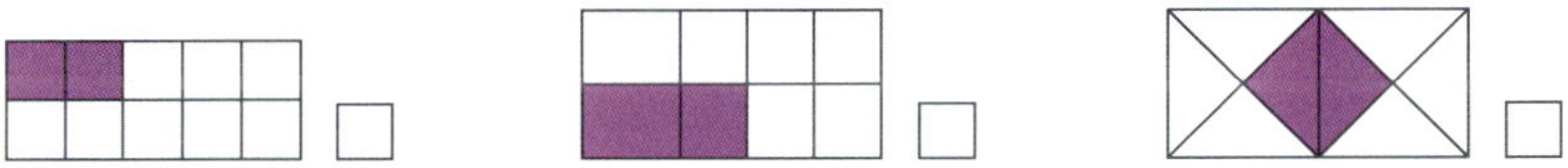

Aufgabe 2

Welche Anteile sind gefärbt? Schreibe als Bruch und in Worten..

a) 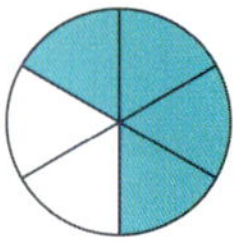

b) 

c) 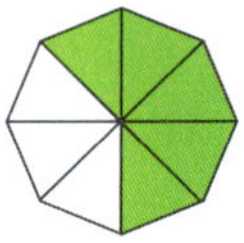

d) 

e) 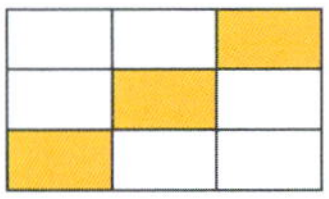

f) 

g) 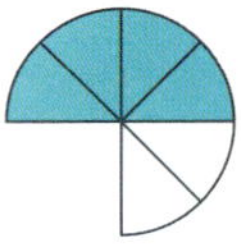

Aufgabe 3

Färbe den angegebenen Anteil in der Figur.

a) 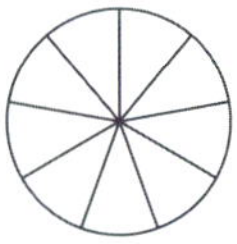 $\frac{4}{9}$

b) 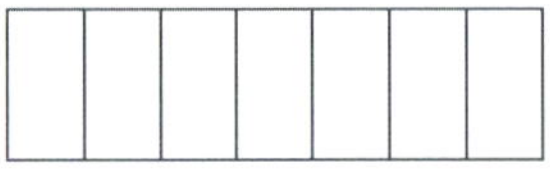 $\frac{3}{7}$

c) $\frac{1}{3}$ 

Aufgabe 4 ●●○

Färbe den angegebenen Anteil in der Figur.

a) 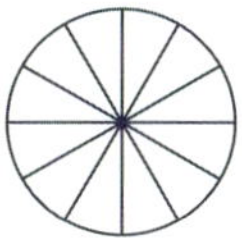 $\frac{4}{6}$

b) 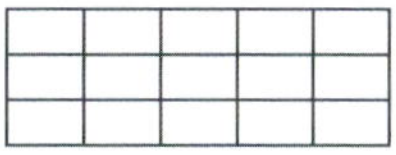 $\frac{1}{3}$

c)  $\frac{3}{5}$

Aufgabe 5 ●●○

Hier sind Bruchteile eines Ganzen dargestellt. Ergänze die Teile jeweils zur ganzen Figur.

a) $\frac{1}{4}$ b) $\frac{2}{3}$ c) $\frac{1}{2}$

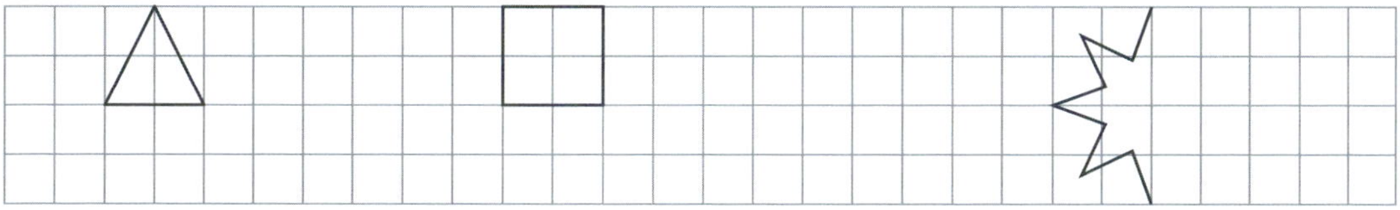

Aufgabe 6 ●○○

Überprüfe, ob die Darstellungen der Brüche richtig sind, und korrigiere sie. Erkläre, was an den fehlerhaften Darstellungen falsch ist.

a) $\frac{1}{3}$ 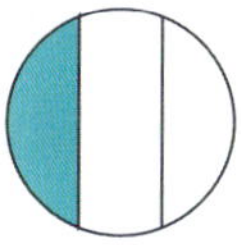

b) $\frac{4}{16}$ 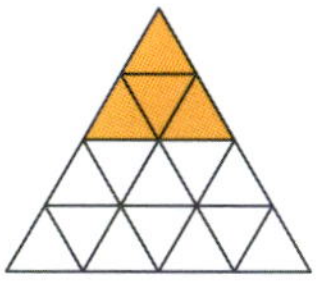

c) $\frac{6}{8}$ 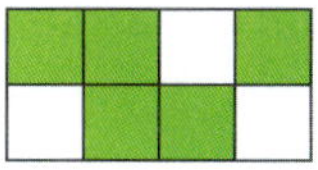

Gemischte Zahlen, Bruchteile von Größen

Kompetenzcheck

Ich kann …	Aufgabe	Ergebnis
… einen Bruch in eine gemischte Zahl umwandeln.	**Aufgabe 1** Schreibe als gemischte Zahl. a) $\frac{5}{2}$ = ________ b) $\frac{7}{3}$ = ________ c) $\frac{11}{5}$ = ________ d) $\frac{53}{10}$ = ________	☺ 😐 ☹ → S. 118
… eine gemischte Zahl in einen Bruch umwandeln.	**Aufgabe 2** Schreibe als Bruch. a) $2\frac{5}{8}$ = ________ b) $1\frac{4}{7}$ = ________ c) $5\frac{2}{3}$ = ________	☺ 😐 ☹ → S. 118
… Bruchteile von Größen berechnen.	**Aufgabe 3** Gib die Größen ohne Bruch an. a) $\frac{1}{4}$ km = ________ m b) $\frac{7}{10}$ kg = ________ g c) $\frac{3}{8}$ t = ________ kg d) $\frac{3}{5}$ cm = ________ mm	☺ 😐 ☹ → S. 118

Schritt-für-Schritt-Erklärung

Fachbegriffe

Eine **gemischte Zahl** besteht aus einer **ganzen Zahl** und einem **(echten) Bruch**. Dies ist eigentlich eine verkürzte Schreibweise für eine **Summe** aus einer ganzen Zahl und einem echten Bruch.

Beispiele:

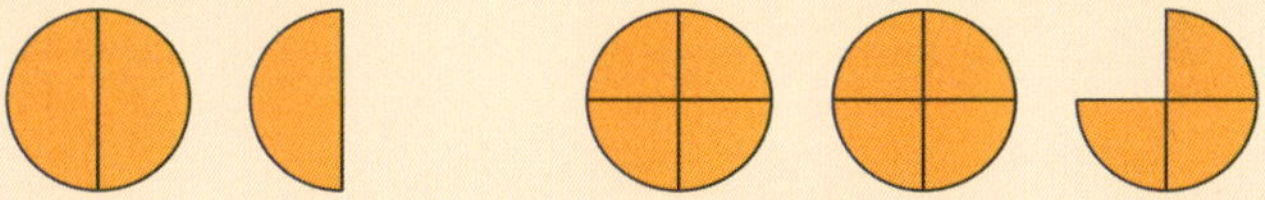

1 Ganzes 1 Halbes

$1\frac{1}{2}$

2 Ganze 3 Viertel

$2\frac{3}{4}$

So gehst du vor

So wandelst du eine gemischte Zahl in einen Bruch um:

$2\frac{3}{4}$ bedeutet 2 Ganze und $\frac{3}{4}$.

2 Ganze sind 8 Viertel, dazu kommen noch 3 Viertel, also insgesamt 11 Viertel.

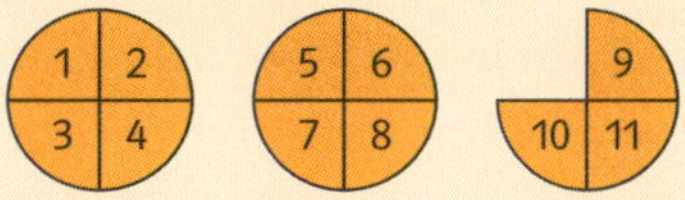

$2\frac{3}{4} = \frac{11}{4}$

Schreibe $3\frac{4}{5}$ als Bruch.

1. Multipliziere die ganze Zahl mit dem Nenner des (echten) Bruches.
2. Addiere dazu den Zähler des Bruches. Das Ergebnis kommt in den Zähler.
3. Der Nenner des unechten Bruches bleibt der Nenner.

$3 \cdot 5 = 15$

$15 + 4 = 19$

Also gilt: $3\frac{4}{5} = \frac{19}{5}$

So gehst du vor

So wandelst du einen unechten Bruch in eine gemischte Zahl um:

Schreibe $\frac{17}{3}$ als gemischte Zahl.

1. Teile den Zähler durch den Nenner.
2. Schreibe die Ganzen als Zahl vor den Bruch.
3. Den Rest schreibst du in den Zähler des Bruches, den Nenner behältst du bei.

$17 : 3 = 5$ Rest 2

$\frac{17}{3} = 5\frac{2}{3}$

So gehst du vor

So kannst du Bruchteile von Größen berechnen:

1. Wandle die Größe in eine kleinere Maßeinheit um.
2. Teile das Ganze durch den Nenner.
3. Multipliziere mit dem Zähler.

$\frac{3}{4}$ kg = ☐ g

1 kg = 1000 g

1000 g : 4 = 250 g

250 g · 3 = 750 g

Also gilt: $\frac{3}{4}$ kg = 750 g

Brüche stehen häufig in Verbindung mit einer Maßeinheit, z. B. $\frac{1}{2}$ h oder $\frac{3}{4}$ kg.

Übungsaufgaben

Aufgabe 7 ●○○
Schreibe als gemischte Zahl und als Bruch.

a) 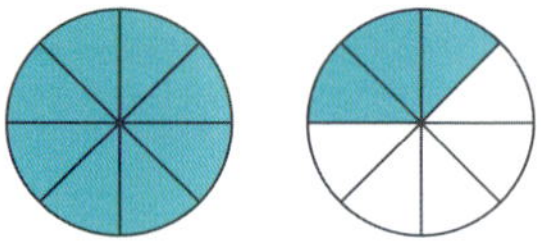

b) 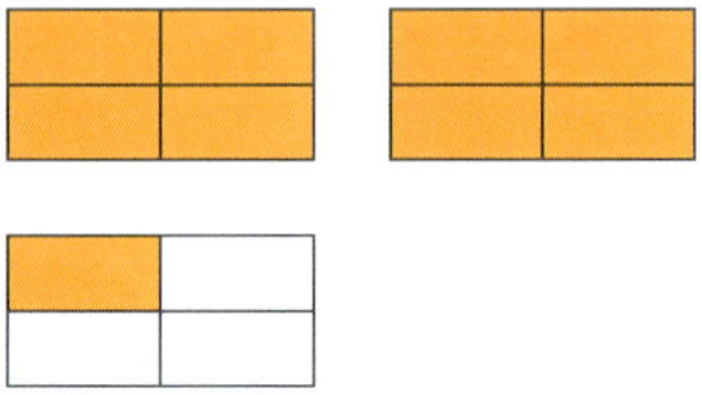

c) 

d) 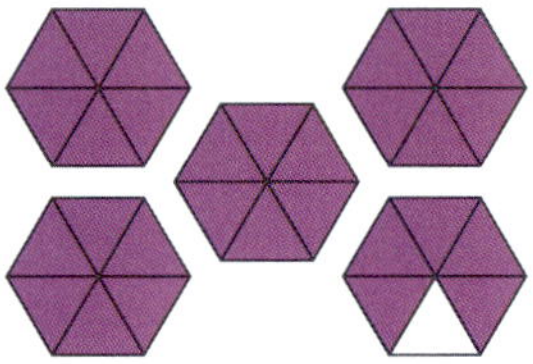

Aufgabe 8 ●○○
Schreibe als Bruch. Kürze, wenn möglich.

a) $3\frac{1}{2}$ b) $5\frac{3}{5}$ c) $7\frac{7}{9}$ d) $10\frac{4}{8}$

e) $8\frac{7}{15}$ f) $2\frac{25}{100}$ g) $13\frac{2}{3}$ h) $6\frac{10}{12}$

Aufgabe 9 ●○○
Verteile gerecht.

a) Drei Kinder teilen sich vier Tafeln Schokolade.
b) Für zwölf Kinder gibt es neun Mini-Pizzen.
c) Vier Kinder teilen sich sechs Äpfel.

Aufgabe 10 ●○○
Wandle die Brüche in gemischte Zahlen um.

a) $\frac{7}{3}$ b) $\frac{5}{2}$ c) $\frac{27}{10}$ d) $\frac{45}{4}$

e) $\frac{43}{5}$ f) $\frac{29}{6}$ g) $\frac{39}{7}$ h) $\frac{73}{8}$

Aufgabe 11 ●○○
Dividiere schriftlich und wandle die Brüche in gemischte Zahlen um.

a) $\frac{133}{16}$ = ____________ b) $\frac{654}{23}$ = ____________

c) $\frac{765}{35}$ = ____________ d) $\frac{8452}{62}$ = ____________

Aufgabe 12 ●○○
Gib die folgenden Größen ohne Bruch an.

a) $\frac{1}{2}$ km = ____________ m b) $\frac{3}{4}$ m = ____________ cm

c) $\frac{1}{10}$ dm = ____________ cm d) $\frac{1}{2}$ h = ____________ min

e) $\frac{2}{3}$ h = ____________ min f) $1\frac{1}{2}$ h = ____________ min

g) $\frac{7}{8}$ kg = ____________ g h) $\frac{1}{4}$ t = ____________ kg

i) $\frac{4}{5}$ g = ____________ mg

Aufgabe 13 ●○○
Gib die folgenden Größen ohne Bruch an.

a) $\frac{3}{5}$ m = ____________ cm b) $\frac{5}{10}$ cm = ____________ mm

c) $\frac{3}{8}$ m = ____________ mm d) $\frac{5}{12}$ Jahr = ____________ Monate

e) $\frac{3}{4}$ Jahr = ____________ Monate f) $\frac{2}{3}$ Jahr = ____________ Monate

g) $\frac{3}{20}$ kg = ____________ g h) $\frac{7}{50}$ t = ____________ kg

i) $\frac{51}{1000}$ g = ____________ mg

Erweitern von Brüchen

Kompetenzcheck

Ich kann …	Aufgabe	Ergebnis
… Brüche erweitern.	**Aufgabe 1** a) Erweitere $\frac{3}{8}$ mit 4. ______ b) Erweitere mit 3. Gib jeweils einen Bruch für die gefärbte Fläche an.  ______ = ______	→ S. 118
… die Erweiterungszahl angeben.	**Aufgabe 2** Gib die Erweiterungszahl an. a) $\frac{4}{5} = \frac{12}{15}$ Erweiterungszahl: ______ b) $\frac{3}{4} = \frac{21}{28}$ Erweiterungszahl: ______ c) $\frac{7}{6} = \frac{28}{24}$ Erweiterungszahl: ______	→ S. 119
… Brüche auf einen angegebenen Nenner erweitern.	**Aufgabe 3** Erweitere die Brüche auf den angegebenen Nenner. a) $\frac{2}{5} = \frac{\square}{20}$ b) $\frac{7}{20} = \frac{\square}{100}$ c) $\frac{2}{3} = \frac{\square}{60}$	→ S. 119
	Aufgabe 4 Welche Brüche haben den Wert $\frac{2}{3}$? Kreuze an. ☐ $\frac{1}{6}$ ☐ $\frac{6}{9}$ ☐ $\frac{6}{4}$ ☐ $\frac{10}{15}$ ☐ $\frac{20}{30}$	→ S. 119

Schritt-für-Schritt-Erklärung

Fachbegriffe

Verschiedene Brüche können denselben Anteil beschreiben. Brüche, die **denselben Wert** haben, nennt man auch **wertgleich**.
Die Zahl, mit der ein Bruch erweitert wird, heißt **Erweiterungszahl**.

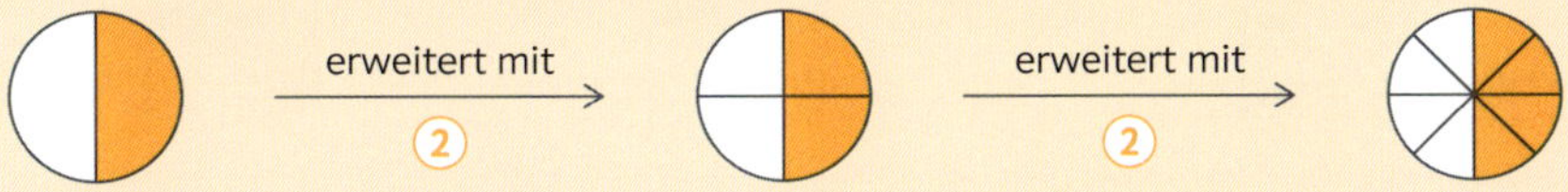

$\frac{1}{2} = \frac{2}{4} = \frac{4}{8}$

Die Erweiterungszahl wird manchmal über das Gleichheitszeichen geschrieben.

Merke: Beim Erweitern bleibt der dargestellte Anteil unverändert, er wird nur in kleinere Abschnitte unterteilt.

So gehst du vor

So kannst du einen Bruch erweitern:

- **anschaulich:** Du musst eine feinere Unterteilung einzeichnen. Der gefärbte Anteil bleibt gleich. In wie viele Teile du unterteilen musst, gibt die Erweiterungszahl an.

  Beispiel: Erweitere $\frac{3}{4}$ mit 3.

Achte darauf, dass alle Anteile gleich groß sind.

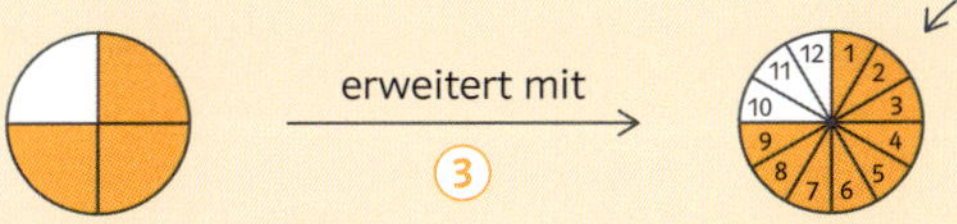

$\frac{3}{4} = \frac{9}{12}$

Unterteile jedes Teil (jedes Viertel) in 3 gleich große Teile.

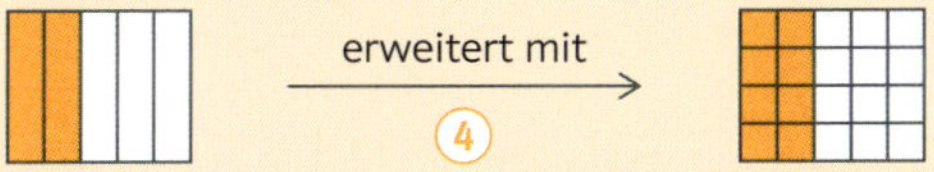

$\frac{2}{5} = \frac{8}{20}$

Unterteile jedes Teil (jeden Streifen) in 4 gleich große Teile.

- **rechnerisch:** Beim Erweitern musst du **Zähler und Nenner** mit **der gleichen** (von 0 verschiedenen) Zahl **multiplizieren.**

  Beispiele:

  a) Erweitere $\frac{3}{4}$ mit 3. Rechne: $\frac{3 \cdot 3}{4 \cdot 3} = \frac{9}{12}$; Erweiterungszahl: 3

  b) Erweitere $\frac{2}{5}$ mit 4. Rechne: $\frac{2 \cdot 4}{5 \cdot 4} = \frac{8}{20}$; Erweiterungszahl: 4

So gehst du vor

So findest du die Erweiterungszahl:

Berechne die Erweiterungszahl durch **Umkehrrechnung.**

$\frac{2}{5} = \frac{2 \cdot \square}{5 \cdot \square} = \frac{12}{30}$

Rechne rückwärts:

Es ist also $2 \cdot \square = 12$.

$12 : 2 = \square$

$12 : 2 = 6$

Wenn du Brüche auf einen angegebenen Nenner erweitern musst, kannst du so die Erweiterungszahl bestimmen.

Übungsaufgaben

Aufgabe 14 ●○○

Gib jeweils den Bruch und die zugehörige Erweiterungszahl an.

a) 

______ = ______

b) 

______ = ______

c) 

______ = ______

Aufgabe 15 ●○○

Erweitere mit der angegebenen Erweiterungszahl und gib einen Bruch für die gefärbte Fläche an.

a) 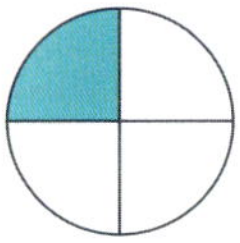

______ ② = ______

b) 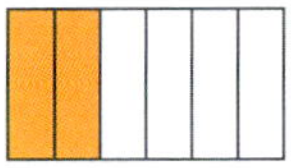

______ ③ = ______

c) 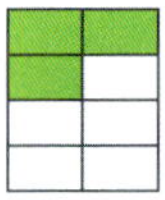

______ ④ = ______

Aufgabe 16 ●●○

Unterteile die gesamte Fläche in 24 gleich große Teile.

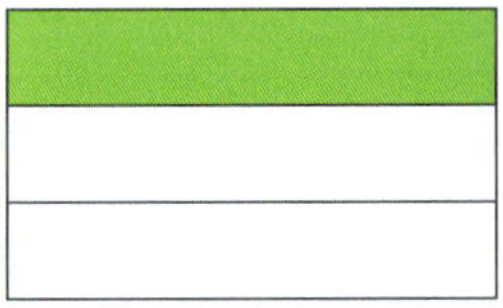

a) Wie viele Teile sind gefärbt? ______

b) Welcher Anteil ist gefärbt? ______

c) Wie lautet die Erweiterungszahl? ______

Aufgabe 17 ●○○

Gib die Erweiterungszahl an.

a) $\frac{2}{3} = \frac{10}{15}$ ______ b) $\frac{3}{8} = \frac{21}{56}$ ______ c) $\frac{5}{7} = \frac{45}{63}$ ______

d) $\frac{1}{11} = \frac{13}{143}$ ______ e) $\frac{7}{9} = \frac{21}{27}$ ______ f) $\frac{4}{3} = \frac{20}{15}$ ______

Aufgabe 18

Ergänze die fehlenden Zahlen.

a) $\frac{3}{8} = \frac{\square}{40}$ b) $\frac{7}{10} = \frac{63}{\square}$ c) $\frac{2}{5} = \frac{\square}{60}$

d) $\frac{5}{12} = \frac{30}{\square}$ e) $\frac{5}{4} = \frac{\square}{16}$ f) $\frac{6}{7} = \frac{42}{\square}$

Aufgabe 19 ●●○

Erweitere die Brüche so, dass im Nenner eine Zehnerpotenz (10, 100, 1000, ...) steht.

a) $\frac{4}{5} =$ ______ b) $\frac{7}{20} =$ ______ c) $\frac{11}{25} =$ ______

d) $\frac{3}{50} =$ ______ e) $\frac{7}{4} =$ ______ f) $\frac{9}{40} =$ ______

Aufgabe 20 ●●○

Sind die Brüche richtig erweitert? Wenn nicht, korrigiere.

a) $\frac{7}{8} = \frac{35}{48}$ b) $\frac{5}{9} = \frac{25}{81}$ c) $\frac{5}{11} = \frac{20}{44}$

d) $\frac{8}{15} = \frac{40}{60}$ e) $\frac{8}{5} = \frac{40}{25}$ f) $\frac{12}{7} = \frac{96}{49}$

Aufgabe 21 ●○○

Welche Brüche haben denselben Wert wie $\frac{6}{8}$? Kreuze an.

☐ $\frac{18}{24}$ ☐ $\frac{30}{32}$ ☐ $\frac{3}{4}$ ☐ $\frac{36}{64}$ ☐ $\frac{54}{72}$

Kürzen von Brüchen

Kompetenzcheck

Ich kann …	Aufgabe	Ergebnis
… Brüche kürzen.	**Aufgabe 1** a) Kürze $\frac{12}{18}$ mit 3. ________ b) Kürze mit 4. Gib jeweils einen Bruch an. 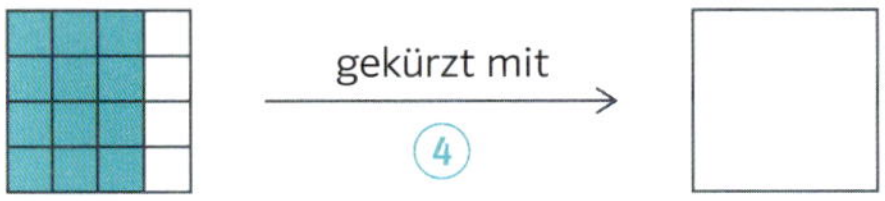 ______ = ______	→ S. 119
… die Kürzungszahl angeben.	**Aufgabe 2** Gib jeweils die Kürzungszahl an. a) $\frac{15}{25} = \frac{3}{5}$ Kürzungszahl: b) $\frac{16}{24} = \frac{4}{6}$ Kürzungszahl: c) $\frac{35}{42} = \frac{5}{6}$ Kürzungszahl:	→ S. 119
… Brüche vollständig kürzen.	**Aufgabe 3** Kürze die Brüche vollständig. a) $\frac{32}{40}$ = ________ b) $\frac{48}{60}$ = ________ c) $\frac{30}{48}$ = ________	→ S. 119

Schritt-für-Schritt-Erklärung

Fachbegriffe

Beim Erweitern eines Bruches werden Zähler und Nenner mit derselben Zahl multipliziert. **Kürzen** macht das **Erweitern** wieder **rückgängig**.
Haben bei einem Bruch Zähler und Nenner keinen gemeinsamen Teiler außer 1, kann man den Bruch nicht kürzen. Man sagt, der Bruch ist **vollständig gekürzt**.

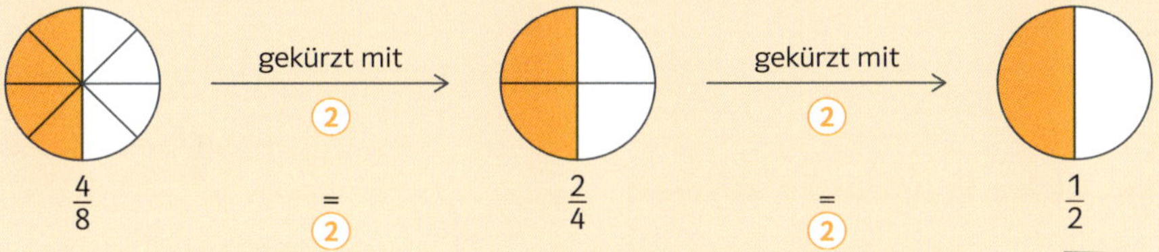

> *Die Kürzungszahl wird auch unter das Gleichheitszeichen geschrieben.*

Merke: Beim Kürzen bleibt der dargestellte Anteil unverändert.
Es werden dabei nur immer gleich viele Teile zusammengefasst.

So gehst du vor

So kannst du einen Bruch kürzen:

- **anschaulich:** Du musst immer gleich viele (gleich große) Teile zusammenfassen. Der gefärbte Anteil bleibt gleich. Wie viele Teile zusammengefasst werden, gibt die Kürzungszahl an.

  Beispiel: Kürze $\frac{6}{9}$ mit 3.

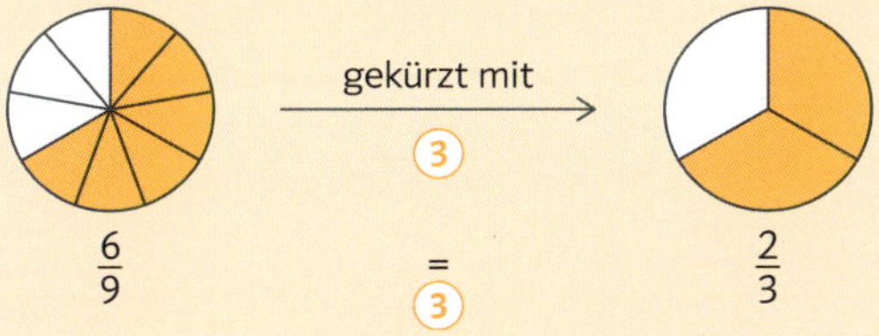

- **rechnerisch:** Beim Kürzen musst du **Zähler und Nenner durch die gleiche** (von 0 verschiedene) **Zahl dividieren.**

  Beispiel: Kürze $\frac{6}{9}$ mit 3.

  Rechne: $\frac{6:3}{9:3} = \frac{2}{3}$

  Kürzungszahl: **3**

> *Beachte: Erweitern kann man mit jeder Zahl außer 0, kürzen geht nur mit einem gemeinsamen Teiler von Zähler und Nenner.*

Schritt-für-Schritt-Erklärung

So gehst du vor

So findest du die Kürzungszahl:

Die Kürzungszahl findest du, indem du die beiden Zähler oder Nenner mit Umkehrrechnung vergleichst.

$$\frac{10 : \square}{45 : \square} = \frac{2}{9}$$

Rechne rückwärts, also 10 : 2 = 5. Die Kürzungszahl ist 5.

So gehst du vor

So kannst du einen Bruch vollständig kürzen:

Beispiel: Kürze $\frac{28}{42}$ vollständig.

Du musst einen Bruch nicht sofort vollständig kürzen. Du darfst den Bruch auch mehrmals nacheinander kürzen.

$$\frac{28 : 2}{42 : 2} = \frac{14}{21} = \frac{14 : 7}{21 : 7} = \frac{2}{3}$$

Tipp: Probiere mithilfe der Teilbarkeitsregeln, ob ein Bruch mit 2, 3, 4, 5, 6, 8, 9 oder 10 gekürzt werden kann.

wichtige Teilbarkeitsregeln:
2: letzte Ziffer gerade
3: Quersumme durch 3 teilbar
4: letzte 2 Ziffern durch 4 teilbar
5: letzte Ziffer 5 oder 0

Daran erkennst du, dass ein Bruch **vollständig gekürzt** ist:

1. Im Zähler oder im Nenner steht eine 1. $\frac{1}{3}$; $\frac{5}{1}$
2. Die Differenz von Zähler und Nenner ist 1. $\frac{1}{2}$; $\frac{7}{8}$; $\frac{10}{9}$
3. Im Zähler oder Nenner steht eine Primzahl und die andere Zahl ist kein Vielfaches davon. $\frac{3}{14}$; $\frac{5}{12}$; $\frac{7}{20}$

Die Differenz ist der Unterschied.

Übungsaufgaben

Aufgabe 22 ●○○

Gib jeweils einen Bruch und die zugehörige Kürzungszahl an.

a) 

______ = ______

b) 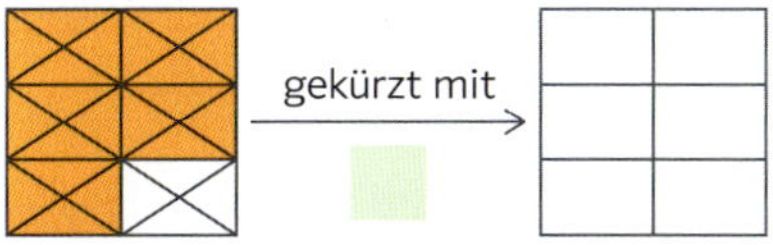

______ = ______

Aufgabe 23 ●○○

Kürze die Brüche mit der angegebenen Kürzungszahl.

a) $\frac{8}{14}$ mit 2: ______

b) $\frac{12}{15}$ mit 3: ______

c) $\frac{16}{24}$ mit 4: ______

d) $\frac{15}{45}$ mit 5: ______

e) $\frac{54}{60}$ mit 6: ______

f) $\frac{32}{72}$ mit 8: ______

Aufgabe 24 ●○○

Gib die Kürzungszahl an.

a) $\frac{15}{60} = \frac{3}{12}$; ______

b) $\frac{48}{72} = \frac{6}{9}$; ______

c) $\frac{24}{30} = \frac{4}{5}$; ______

d) $\frac{15}{33} = \frac{5}{11}$; ______

e) $\frac{32}{56} = \frac{4}{7}$; ______

f) $\frac{22}{28} = \frac{11}{14}$; ______

Aufgabe 25 ●○○

Mit welchen Zahlen kannst du die Brüche kürzen?

a) $\frac{4}{16}$ = ______

b) $\frac{15}{60}$ = ______

c) $\frac{20}{80}$ = ______

d) $\frac{21}{28}$ = ______

Übungsaufgaben

Aufgabe 26 ●○○

Ergänze die fehlenden Zahlen.

a) $\frac{39}{60} = \frac{13}{\square}$

b) $\frac{15}{20} = \frac{\square}{4}$

c) $\frac{\square}{24} = \frac{5}{6}$

d) $\frac{35}{\square} = \frac{5}{9}$

e) $\frac{64}{88} = \frac{\square}{11}$

f) $\frac{\square}{36} = \frac{8}{9}$

Aufgabe 27 ●○○

Kürze vollständig.

a) $\frac{4}{16} =$ ______

b) $\frac{16}{20} =$ ______

c) $\frac{40}{60} =$ ______

d) $\frac{36}{48} =$ ______

e) $\frac{32}{36} =$ ______

f) $\frac{48}{72} =$ ______

g) $\frac{30}{45} =$ ______

h) $\frac{18}{24} =$ ______

Aufgabe 28 ●●○

Welche Brüche haben denselben Wert?

$\frac{24}{36}$ $\frac{20}{30}$ $\frac{4}{6}$ $\frac{16}{24}$ $\frac{8}{10}$ $\frac{10}{15}$ $\frac{12}{15}$ $\frac{28}{35}$ $\frac{24}{30}$

Aufgabe 29 ●●○

Sind die Brüche richtig gekürzt? Wenn nein, korrigiere.

a) $\frac{10}{15} = \frac{3}{2}$ ____________

b) $\frac{49}{63} = \frac{7}{9}$ ____________

c) $\frac{2}{4} = \frac{0}{2}$ ____________

d) $\frac{48}{72} = \frac{6}{8}$ ____________

e) $\frac{44}{66} = \frac{2}{3}$ ____________

f) $\frac{35}{75} = \frac{7}{15}$ ____________

Aufgabe 30 ●●●

a) Schreibe drei Brüche mit dem Zähler 5 auf, die man nicht kürzen kann.

____

b) Welchen Bruch kannst du mit den Zahlen 2, 3 und 4 kürzen?

____

Aufgabe 31 ●●●

Richtig oder falsch? Korrigiere die falschen Behauptungen.

a) Wenn der Zähler und der Nenner verdoppelt werden, wird der Wert des Bruches doppelt so groß.

____

b) Einen echten Bruch mit dem Zähler 1 kann man nicht kürzen.

____

c) Wenn der Nenner eine ungerade Zahl größer 1 ist, kann man einen Bruch nicht mehr kürzen.

____

Brüche vergleichen und ordnen

Kompetenzcheck

Ich kann …	Aufgabe	Ergebnis
… Brüche gleichnamig machen.	**Aufgabe 1** a) Mache $\frac{2}{3}$ und $\frac{3}{8}$ gleichnamig. ___ b) Mache $\frac{5}{6}$ und $\frac{3}{4}$ gleichnamig. ___ c) Bringe $\frac{4}{9}$ und $\frac{5}{12}$ auf den Hauptnenner. ___	→ S. 119
… gleichnamige Brüche vergleichen.	**Aufgabe 2** Vergleiche. Setze < oder > ein. a) $\frac{3}{9}$ ___ $\frac{5}{9}$ b) $\frac{11}{5}$ ___ $\frac{10}{5}$	→ S. 119
… Brüche mit gleichem Zähler vergleichen.	**Aufgabe 3** Vergleiche. Setze < oder > ein. a) $\frac{1}{4}$ ___ $\frac{1}{9}$ b) $\frac{3}{7}$ ___ $\frac{3}{5}$	→ S. 120
… beliebige Brüche vergleichen.	**Aufgabe 4** Vergleiche. Setze <, = oder > ein. a) $\frac{3}{4}$ ___ $\frac{7}{9}$ b) $\frac{11}{15}$ ___ $\frac{8}{10}$ c) $\frac{56}{64}$ ___ $\frac{21}{24}$	→ S. 120
… Brüche ordnen.	**Aufgabe 5** Ordne die Brüche der Größe nach. Beginne mit dem kleinsten Bruch. a) $\frac{1}{2}$; $\frac{2}{5}$; $\frac{3}{7}$ ___ b) $\frac{5}{6}$; $\frac{3}{4}$; $\frac{7}{8}$; $\frac{1}{2}$ ___	→ S. 120

Schritt-für-Schritt-Erklärung

Fachbegriffe

Zwei Brüche heißen **gleichnamig**, wenn sie den **gleichen Nenner** haben.
Den **kleinsten gemeinsamen Nenner** nennt man auch **Hauptnenner**.
Brüche kann man besonders gut vergleichen, wenn sie gleichnamig sind.

So gehst du vor

So kannst du Brüche gleichnamig machen:

Möglichkeit 1:
Erweitere den ersten Bruch mit dem Nenner des zweiten Bruches und erweitere den zweiten Bruch mit dem Nenner des ersten Bruches.

Mache $\frac{5}{8}$ und $\frac{4}{7}$ gleichnamig.

Erweitere $\frac{5}{8}$ mit 7: $\frac{5 \cdot 7}{8 \cdot 7} = \frac{35}{56}$

Erweitere $\frac{4}{7}$ mit 8: $\frac{4 \cdot 8}{7 \cdot 8} = \frac{32}{56}$

Möglichkeit 1 funktioniert immer, kann aber zu sehr großen Zahlen führen.

Möglichkeit 2:
Suche den **Hauptnenner**, indem du von beiden Nennern das **kleinste gemeinsame Vielfache** findest. Erweitere dann beide Brüche auf diesen Hauptnenner.

Erweitere $\frac{3}{8}$ und $\frac{7}{12}$ auf den Hauptnenner.
Vielfache von 8: 8, 16, **24**, 32
Vielfache von 12: 12, **24**, 36
kleinstes gemeinsames Vielfache: **24**

24 : 8 = 3, erweitere $\frac{3}{8}$ mit 3: $\frac{3 \cdot 3}{8 \cdot 3} = \frac{9}{24}$

24 : 12 = 2, erweitere $\frac{7}{12}$ mit 2: $\frac{7 \cdot 2}{12 \cdot 2} = \frac{14}{24}$

So gehst du vor

So kannst du zwei Brüche miteinander vergleichen:

1. Zwei Brüche sind **gleichnamig:**
   Vergleiche die Zähler. Es ist der Bruch **größer**, der den **größeren Zähler** hat.
2. Zwei Brüche haben den **gleichen Zähler:**
   Vergleiche die Nenner. Es ist der Bruch **größer**, der den **kleineren Nenner** hat.
3. Brüche mit **verschiedenen Zählern** und **Nennern:**
   Mache die Brüche gleichnamig. Dann vergleiche wie bei 1. die Zähler.

Vergleiche: $\frac{5}{6}$ ☐ $\frac{4}{6}$

5 > 4, also ist $\frac{5}{6} > \frac{4}{6}$

Die Teile sind gleich groß, die Anzahl ist unterschiedlich.

Vergleiche: $\frac{3}{7}$ ☐ $\frac{3}{5}$

7 > 5, also ist $\frac{3}{7} < \frac{3}{5}$

Die Anzahl ist gleich, aber die Teile sind unterschiedlich groß.

Vergleiche: $\frac{3}{8}$ ☐ $\frac{2}{5}$

$\frac{3 \cdot 5}{8 \cdot 5} = \frac{15}{40}$; $\frac{2 \cdot 8}{5 \cdot 8} = \frac{16}{40}$; also $\frac{3}{8} < \frac{2}{5}$.

Tipps:

1. Überprüfe, ob ein **echter** und ein **unechter** Bruch verglichen werden.
   Es ist immer der echte Bruch kleiner.
2. Wenn du zwei echte Brüche vergleichst, kannst du überprüfen, ob ein Bruch **größer als** $\frac{1}{2}$ und ein Bruch **kleiner als** $\frac{1}{2}$ ist.

$\frac{3}{2}$ ☐ $\frac{4}{5}$; also $\frac{3}{2} > \frac{4}{5}$

$\frac{5}{8}$ ☐ $\frac{4}{11}$; $\frac{5}{8} > \frac{1}{2} = \frac{4}{8}$

$\frac{4}{11} < \frac{1}{2}$; also $\frac{5}{8} > \frac{4}{11}$.

Übungsaufgaben

Aufgabe 32 ●○○
Vergleiche die beiden Brüche. Setze < oder > ein.

a) $\frac{2}{3}$ ☐ $\frac{4}{3}$　b) $\frac{11}{9}$ ☐ $\frac{8}{9}$　c) $\frac{8}{7}$ ☐ $\frac{5}{7}$

d) $\frac{3}{10}$ ☐ $\frac{30}{10}$　e) $\frac{10}{15}$ ☐ $\frac{11}{15}$　f) $\frac{3}{4}$ ☐ $\frac{2}{4}$

Aufgabe 33 ●○○
Vergleiche die beiden Brüche. Setze < oder > ein.

a) $\frac{1}{3}$ ☐ $\frac{1}{5}$　b) $\frac{2}{5}$ ☐ $\frac{2}{3}$　c) $\frac{5}{7}$ ☐ $\frac{5}{1}$

d) $\frac{3}{4}$ ☐ $\frac{3}{40}$　e) $\frac{7}{8}$ ☐ $\frac{7}{5}$　f) $\frac{10}{11}$ ☐ $\frac{10}{12}$

Aufgabe 34 ●○○
Vergleiche die beiden Brüche. Setze <, = oder > ein.

a) $\frac{3}{4}$ ☐ $\frac{4}{5}$　b) $\frac{2}{3}$ ☐ $\frac{8}{12}$　c) $\frac{8}{10}$ ☐ $\frac{81}{100}$

d) $\frac{2}{5}$ ☐ $\frac{6}{15}$　e) $\frac{7}{20}$ ☐ $\frac{5}{8}$　f) $\frac{5}{6}$ ☐ $\frac{7}{8}$

g) $\frac{7}{12}$ ☐ $\frac{3}{4}$　h) $\frac{3}{5}$ ☐ $\frac{4}{7}$　i) $\frac{5}{6}$ ☐ $\frac{8}{10}$

Aufgabe 35 ●○○
Mache die Brüche gleichnamig.

a) $\frac{2}{5}$; $\frac{3}{4}$　b) $\frac{1}{6}$; $\frac{3}{7}$　c) $\frac{3}{5}$; $\frac{7}{8}$

d) $\frac{5}{12}$; $\frac{7}{18}$　e) $\frac{5}{24}$; $\frac{3}{8}$　f) $\frac{4}{9}$; $\frac{7}{12}$

Tipp:
Überprüfe, ob du die Brüche zuerst kürzen kannst.

Aufgabe 36 ●○○
Erweitere auf den Hauptnenner.

a) $\frac{5}{12}$; $\frac{9}{20}$　b) $\frac{2}{15}$; $\frac{5}{6}$　c) $\frac{7}{18}$; $\frac{3}{4}$

Aufgabe 37 ●●○
Vergleiche die beiden Brüche. Setze <, = oder > ein.

a) $\frac{18}{45}$ ☐ $\frac{15}{40}$　b) $\frac{35}{42}$ ☐ $\frac{49}{56}$　c) $\frac{9}{12}$ ☐ $\frac{15}{20}$

d) $\frac{9}{15}$ ☐ $\frac{12}{20}$　e) $\frac{15}{18}$ ☐ $\frac{7}{9}$　f) $\frac{5}{6}$ ☐ $\frac{15}{18}$

Aufgabe 38 ●●○

Mit Köpfchen! Versuche, ohne zu rechnen, die größere Zahl anzugeben. Beschreibe wie du vorgegangen bist.

a) $\frac{4}{7}$; $\frac{4}{8}$ b) $\frac{13}{15}$; $\frac{12}{11}$ c) $\frac{4}{5}$; $\frac{17}{35}$

Aufgabe 39 ●○○

Setze für $\square$ eine passende Ziffer ein.

a) $\frac{4}{\square} < \frac{4}{5}$ b) $\frac{3}{7} > \frac{\square}{7}$ c) $\frac{14}{\square} < \frac{14}{2}$

d) $\frac{3}{6} < \frac{\square}{6} < \frac{5}{6}$ e) $\frac{4}{9} < \frac{4}{\square} < \frac{4}{7}$ f) $\frac{1}{5} < \frac{\square}{\square} < \frac{1}{3}$

Aufgabe 40 ●○○

Ordne die Brüche der Größe nach.

a) $\frac{7}{12}$; $\frac{5}{8}$; $\frac{1}{3}$ b) $\frac{2}{3}$; $\frac{3}{4}$; $\frac{4}{5}$ c) $\frac{4}{12}$; $\frac{6}{15}$; $\frac{8}{18}$

Aufgabe 41 ●○○

$\frac{4}{3}$; $\frac{2}{3}$; $\frac{4}{5}$; $\frac{3}{7}$; $\frac{6}{5}$; $\frac{4}{9}$; $\frac{7}{3}$; $\frac{5}{12}$

a) Sortiere zuerst die Brüche in kleiner als $\frac{1}{2}$, größer als $\frac{1}{2}$ und größer als 1.

b) Ordne die Brüche der Größe nach. Beginne mit dem kleinsten Bruch.

Aufgabe 42 ●○○

Ordne die Glieder des Wurms der Größe nach. Beginne mit der kleinsten Zahl. Du erhältst seinen Namen als Lösungswort.

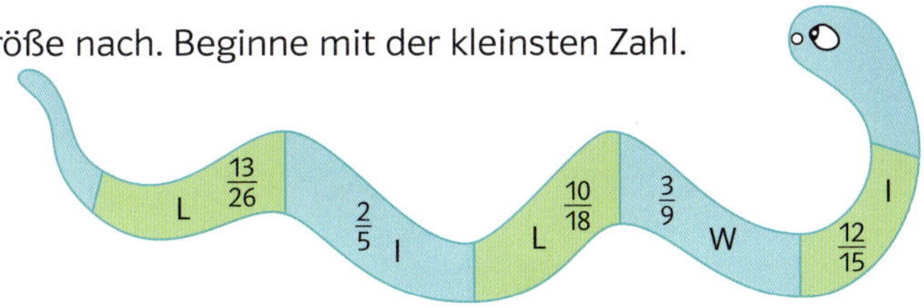

Aufgabe 43 ●●○

Gib jeweils einen kleineren und größeren Bruch an.

a) $\frac{7}{10}$; Ändere nur den Zähler. b) $\frac{5}{9}$; Ändere nur den Nenner.

c) $\frac{7}{12}$; Der Nenner soll 6 sein. d) $\frac{12}{15}$; Der Zähler soll 4 sein.

Aufgabe 44 ●○○

Daniel und Melina vergleichen ihre Fußballsticker. Daniel zählt bei 84 Stickern 21 doppelte, Melina hat bei 72 Stickern 16 doppelte. Wer von beiden hat das bessere Päckchen?

Brüche und Prozente

Kompetenzcheck

Ich kann …	Aufgabe	Ergebnis
… Brüche mit dem Nenner 100 in Prozent ausdrücken.	**Aufgabe 1** Wandle die Brüche in Prozentangaben um. a) $\frac{3}{100}$ = ________ b) $\frac{29}{100}$ = ________ c) $\frac{87}{100}$ = ________ d) $\frac{105}{100}$ = ________	→ S. 120
… Prozentangaben in einen Bruch umwandeln.	**Aufgabe 2** Schreibe als Bruch. a) 33 % = ________ b) 91 % = ________ c) 7 % = ________ d) 121 % = ________	→ S. 120
… Brüche in Prozent ausdrücken.	**Aufgabe 3** Schreibe in Prozent. a) $\frac{3}{4}$ = ________ b) $\frac{13}{20}$ = ________ c) $\frac{4}{5}$ = ________ d) 3 von 25 = ________	→ S. 120
… (prozentuale) Anteile von Größen bestimmen.	**Aufgabe 4** Wie viel sind …? a) 25 % von 80 ________ b) 20 % von 50 ________ c) 80 % von 120 ________	→ S. 120
… Brüche und Prozente in Alltagssituationen nutzen.	**Aufgabe 5** Eine Schulklasse packt Tüten und sammelt Spenden für soziale Zwecke. Von den insgesamt 2500 € gehen 30 % an Straßenkinder, mit $\frac{1}{4}$ wird das Jugendzentrum unterstützt, 20 % sind für ein Projekt in Peru und mit dem Rest sollen neue Bälle für den Pausensport gekauft werden. Wie viel € erhält jedes Projekt?	→ S. 120

Schritt-für-Schritt-Erklärung

Fachbegriffe

Eine weitere Schreibweise für Anteile sind neben Brüchen auch **Prozente** (kurz **%**).
Als Prozent bezeichnet man den **Anteil an einem Ganzen in Hundertsteln**.

1 % ist also 1 Hundertstel, kurz **1 %** $= \mathbf{\frac{1}{100}}$.

p % sind p Hundertstel, kurz **p %** $= \mathbf{\frac{p}{100}}$.

Beispiele: 5 % $= \frac{5}{100}$; 13 % $= \frac{13}{100}$; 120 % $= \frac{120}{100}$

> *Prozent kommt aus dem Lateinischen und bedeutet pro = für/von cent = Hundert*

Den **Anteil an einem Ganzen in Tausendsteln** bezeichnet man als **Promille** (kurz **‰**).

1 ‰ ist also 1 Tausendstel, kurz **1 ‰** $= \mathbf{\frac{1}{1000}}$.

p ‰ sind p Tausendstel, kurz **p ‰** $= \mathbf{\frac{p}{1000}}$.

Beispiele: 3 ‰ $= \frac{3}{1000}$; 11 ‰ $= \frac{11}{1000}$

> *Im Promille-Symbol ‰ sind 3 Nullen, also $\frac{1}{1000}$.*

So gehst du vor

So kannst du einen Bruch in Prozent schreiben:

	Beispiel: Schreibe $\frac{3}{25}$ in Prozent.
1. Erweitere den Bruch so, dass im Nenner 100 steht.	100 : 25 = 4,
2. Schreibe den Bruch in Prozent. Der Zähler liefert die Prozentzahl.	also $\frac{3 \cdot 4}{25 \cdot 4} = \frac{12}{100} = 12\,\%$

Schritt-für-Schritt-Erklärung

So gehst du vor

So kannst du eine Prozentangabe als Bruch schreiben:

1. Schreibe die Prozentzahl in den Zähler und 100 in den Nenner.
2. Kürze gegebenenfalls den Bruch vollständig.

Beispiel:
Schreibe 2 % als Bruch.

$2\,\% = \frac{2}{100} = \frac{1}{50}$

So gehst du vor

So kannst du prozentuale Anteile von Größen bestimmen:

1. Wandle die Prozentangabe in einen (vollständig gekürzten) Bruch um.
2. Dividiere die Größe durch den Nenner und multipliziere mit dem Zähler.

Beispiel:
Wie viel sind 75 % von 360 €?

$75\,\% = \frac{75}{100} = \frac{3}{4}$

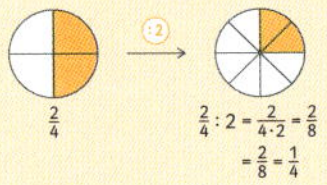

$\frac{3}{4}$ bedeutet: Teile das Ganze in 4 Teile und nimm 3 davon.

Merke:
Der **Nenner** sagt, durch welche Zahl man **teilen** muss, der **Zähler** sagt, mit welcher Zahl man **malnehmen** muss.

In **Anwendungsaufgaben** erkennst du meist an dem Wort „von“ bzw. „davon“, dass du Anteile von Größen bestimmen musst.

Beispiel:
Heidi gibt **80 %** ihres Taschengeldes **von 30 €** für Kosmetik aus.
Wie viel ist das?

Berechne 80 % von 30 €: $80\,\% = \frac{80}{100} = \frac{8}{10} = \frac{4}{5}$

Rechne: 30 € **:5** ↘ 6 € ↗ **·4 €** 24 €

Übungsaufgaben

Aufgabe 45 ●○○
Schreibe in Prozent bzw. Promille.

a) $\frac{1}{100}$ = ______ b) $\frac{8}{100}$ = ______ c) $\frac{12}{100}$ = ______

d) $\frac{88}{100}$ = ______ e) $\frac{125}{100}$ = ______ f) $\frac{200}{100}$ = ______

g) $\frac{2}{1000}$ = ______ h) $\frac{20}{1000}$ = ______ i) $\frac{320}{1000}$ = ______

Aufgabe 46 ●○○
Schreibe als Bruch.

a) 3 % = ____ b) 7 % = ____ c) 33 % = ____

d) 89 % = ____ e) 103 % = ____ f) 217 % = ____

g) 9 ‰ = ____ h) 13 ‰ = ____ i) 111 ‰ = ____

Aufgabe 47 ●○○
Schreibe als Bruch. Kürze dann den Bruch gegebenenfalls vollständig.

a) 5 % = ____ b) 20 % = ____ c) 60 % = ____

d) 45 % = ____ e) 70 % = ____ f) 85 % = ____

g) 100 % = ____ h) 125 % = ____ i) 200 % = ____

j) 150 % = ____ k) 2 ‰ = ____ l) 10 ‰ = ____

Aufgabe 48 ●○○
Schreibe in Prozent.

a) $\frac{1}{10}$ = ______ b) $\frac{1}{2}$ = ______ c) $\frac{1}{4}$ = ______

d) $\frac{3}{4}$ = ______ e) $\frac{1}{5}$ = ______ f) $\frac{2}{5}$ = ______

g) $\frac{3}{2}$ = ______ h) $\frac{4}{5}$ = ______ i) $\frac{1}{20}$ = ______

j) $\frac{1}{25}$ = ______ k) $\frac{1}{50}$ = ______ l) $\frac{7}{10}$ = ______

Übungsaufgaben

Aufgabe 49 ●○○
Schreibe in Prozent.

a) $\frac{17}{100}$ = ______ b) $\frac{3}{5}$ = ______ c) $\frac{37}{50}$ = ______

d) $\frac{17}{25}$ = ______ e) $\frac{9}{20}$ = ______ f) $\frac{5}{4}$ = ______

g) $\frac{51}{50}$ = ______ h) $\frac{30}{25}$ = ______ i) $\frac{23}{4}$ = ______

Aufgabe 50 ●○○
Schreibe in Prozent.

a) 3 von 100 ______ b) 8 von 10 ______ c) 12 von 25 ______

d) 11 € von 20 € ______ e) 37 g von 50 g ______ f) 48 m von 96 m ______

Aufgabe 51 ●●○
Schreibe in Prozent.

a) $\frac{40}{200}$ = ______ b) $\frac{14}{35}$ = ______ c) $\frac{12}{40}$ = ______

d) $\frac{120}{1000}$ = ______ e) $\frac{45}{500}$ = ______ f) $\frac{54}{30}$ = ______

g) $\frac{28}{35}$ = ______ h) $\frac{27}{45}$ = ______ i) $\frac{36}{300}$ = ______

Aufgabe 52 ●○○
Berechne so weit wie möglich im Kopf. Wie viel sind …?

a) 10 % von 570 g ______ b) 20 % von 120 € ______

c) 25 % von 44 m^2 ______ d) 75 % von 4000 m ______

e) 5 % von 10 € ______ f) 150 % von 6 € ______

g) 5 ‰ von 1 kg ______ h) 2 ‰ von 1000 € ______

Aufgabe 53 ●○○

Berechne die Bestandteile in g.

a) 500 g Wolle
75 % Polyacryl, 25 % Schurwolle

b) 200 g Fruchtjoghurt
9 % Himbeersaft aus Konzentrat

Aufgabe 54 ●●○

Große Rabattaktion!
Alle Preise radikal reduziert.
Verbinde die Schilder mit den zugehörigen Geldbeträgen.

~~240 €~~ 25 % billiger	~~250 €~~ 40 % billiger	~~210 €~~ 30 % billiger
150 €	180 €	147 €

Aufgabe 55 ●●●

Anne und Jörg haben eine Taschengelderhöhung bekommen.
Anne erhält jetzt 25 € statt 20 € pro Monat, Jörg 16 € statt früher 12 €.
Jörg jammert: „Immer bekommst du mehr als ich!“
Anne entgegnet: „Diesmal bist du doch besser weggekommen als ich.“
Was meint Anne damit?

Abschlusskompetenzcheck

Ich kann … ✓

1 … Anteile durch einen Bruch beschreiben.
Welcher Anteil ist gefärbt? Schreibe als Bruch.

a) 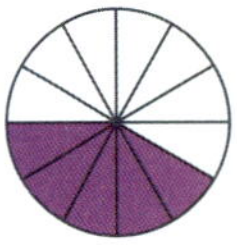 ______

b) 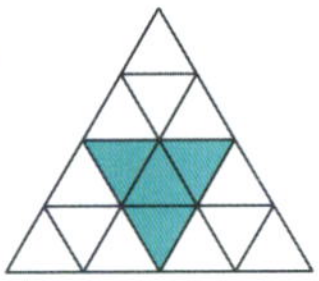 ______

c) 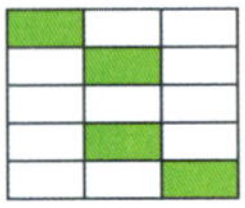 ______

2 … Brüche als Anteile darstellen.
Färbe den Anteil in der Figur.

a)  $\frac{5}{6}$

b) 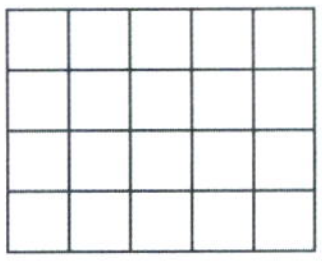 $\frac{3}{4}$

c) 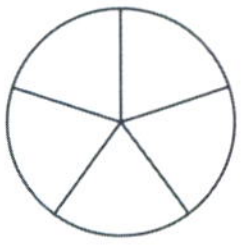 $\frac{3}{10}$

3 … gemischte Zahlen als Brüche schreiben.
Schreibe als gemischte Zahl.

a) $\frac{28}{10}$ = ______ b) $\frac{17}{8}$ = ______ c) $\frac{23}{5}$ = ______

4 … Brüche als gemischte Zahlen schreiben.
Schreibe als Bruch.

a) $5\frac{1}{2}$ = ______ b) $2\frac{4}{5}$ = ______ c) $3\frac{1}{8}$ = ______

5 … Bruchteile von Größen angeben.
Gib die Größen ohne Bruch an.

a) $\frac{1}{10}$ m = ______ dm b) $\frac{5}{4}$ m = ______ cm

c) $\frac{3}{8}$ kg = ______ g d) $\frac{3}{4}$ min = ______ s

6 … Brüche erweitern.
Ergänze die fehlenden Zahlen.

a) $\frac{4}{7} = \frac{32}{\square}$ b) $\frac{3}{8} = \frac{27}{\square}$ c) $\frac{4}{\square} = \frac{32}{40}$ d) $\frac{\square}{4} = \frac{35}{20}$

	Ich kann ...	✓
7	**... Brüche kürzen.** Kürze die Brüche vollständig. a) $\frac{28}{42}$ = ______ b) $\frac{36}{48}$ = ______ c) $\frac{45}{75}$ = ______	
8	**... Brüche vergleichen und ordnen.** Vergleiche. Setze <, = oder > ein. a) $\frac{4}{9}$ ☐ $\frac{7}{16}$ b) $\frac{5}{8}$ ☐ $\frac{7}{12}$ c) $\frac{7}{8}$ ☐ $\frac{5}{6}$ d) $\frac{32}{40}$ ☐ $\frac{48}{60}$	
9	**... Brüche in Prozent schreiben.** Schreibe in Prozent. a) $\frac{3}{50}$ = ______ b) 3 von 4 = ______ c) $\frac{17}{25}$ = ______ d) $\frac{8}{5}$ = ______	
10	**... Prozente als Bruch schreiben.** Schreibe als Bruch. Kürze dann gegebenenfalls vollständig. a) 40 % = ______ b) 72 % = ______ c) 110 % = ______	
11	**... Anteile von Größen bestimmen.** Wie viel sind ...? a) 20 % von 35 € = ______ b) 75 % von 360 g = ______ c) $\frac{5}{4}$ von 200 € = ______	
12	**... Brüche und Prozente in Alltagssituationen nutzen.** a) Parmesan-Käse enthält 32 % Fett. Wie viel g Fett enthält ein 300-g-Stück Parmesan? b) Der menschliche Körper besteht zu fast 70 % aus Wasser. Aus wie viel kg Wasser besteht ein Mensch, der 50 kg wiegt?	
13	**... Brüche und Prozente in Alltagssituationen nutzen.** Für den Verkauf beim Schulfest hat Yannik $\frac{1}{4}$, Mario $\frac{3}{10}$, Philipp $\frac{1}{5}$, Katharina und Sarah jeweils $\frac{1}{8}$ der belegten Brötchen gemacht. Wer hat am meisten gearbeitet, wer am wenigsten? Ordne die Schülerinnen und Schüler nach ihrer Leistung.	

2 Mit Brüchen rechnen

Gleichnamige Brüche addieren und subtrahieren

Kompetenzcheck

Ich kann …	Aufgabe	Ergebnis
… gleichnamige Brüche addieren.	**Aufgabe 1** Berechne. Kürze das Ergebnis gegebenenfalls vollständig. a) $\frac{3}{8} + \frac{1}{8}$ = ______ b) $\frac{1}{7} + \frac{5}{7}$ = ______ c) $\frac{8}{25} + \frac{11}{25}$ = ______ d) $\frac{7}{40} + \frac{9}{40}$ = ______	→ S. 134
… gleichnamige Brüche subtrahieren.	**Aufgabe 2** Berechne. Kürze das Ergebnis gegebenenfalls vollständig. a) $\frac{11}{15} - \frac{7}{15}$ = ______ b) $\frac{19}{20} - \frac{11}{20}$ = ______ c) $\frac{23}{30} - \frac{17}{30}$ = ______	→ S. 134
… gemischte Zahlen addieren und subtrahieren.	**Aufgabe 3** Berechne. a) $1\frac{2}{5} + 3\frac{1}{5}$ = ______ b) $2\frac{3}{8} + 3\frac{7}{8}$ = ______ c) $6\frac{1}{4} - 4\frac{3}{4}$ = ______	→ S. 134

Schritt-für-Schritt-Erklärung

Fachbegriffe

Zwei Brüche heißen **gleichnamig**, wenn sie den **gleichen Nenner** haben.

So gehst du vor

So kannst du gleichnamige Brüche addieren und subtrahieren:

1. Schreibe die Zähler auf einen gemeinsamen Bruchstrich und addiere oder subtrahiere sie.
2. Behalte den gemeinsamen Nenner bei.
3. Vergiss nicht, das Ergebnis gegebenenfalls zu kürzen.

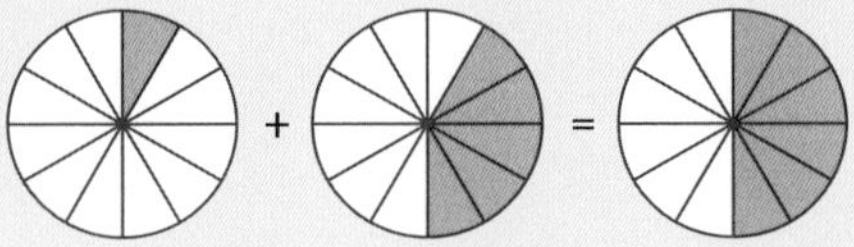

$\frac{1}{12} + \frac{5}{12} = \frac{1+5}{12} = \frac{6}{12} = \frac{1}{2}$

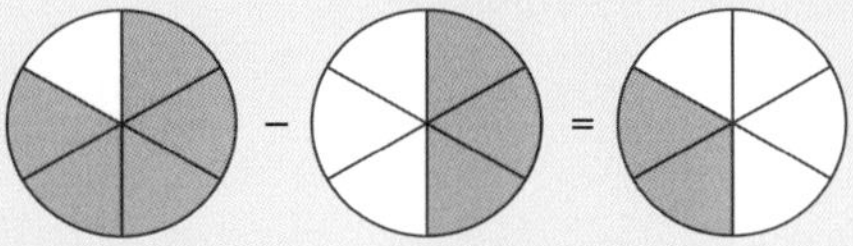

$\frac{5}{6} - \frac{3}{6} = \frac{5-3}{6} = \frac{2}{6} = \frac{1}{3}$

So gehst du vor

So kannst du gemischte Zahlen addieren und subtrahieren:

Möglichkeit 1:
1. Wandle die gemischten Zahlen in Brüche um.
2. Addiere bzw. subtrahiere dann die Zähler und behalte den gemeinsamen Nenner bei.
3. Wandle das Ergebnis wieder in eine gemischte Zahl um.

Beispiel: $3\frac{5}{8} + 5\frac{7}{8}$

$3\frac{5}{8} = \frac{29}{8}$

$5\frac{7}{8} = \frac{47}{8}$

$\frac{29}{8} + \frac{47}{8} = \frac{76}{8} = \frac{19}{2} = 9\frac{1}{2}$

Möglichkeit 2:
1. Addiere die ganzen Zahlen und getrennt davon die Brüche.
2. Schreibe das Ergebnis wieder als gemischte Zahl. Ist beim Bruch der Zähler größer als der Nenner, musst du den Bruch in eine gemischte Zahl umwandeln und zur ganzen Zahl dazuzählen.

Beispiel: $3\frac{5}{8} + 5\frac{7}{8}$

$= 3 + 5 + \frac{5}{8} + \frac{7}{8}$

$= 8 + \frac{12}{8} \quad \left(\frac{12}{8} = 1\frac{4}{8} = 1\frac{1}{2}\right)$

$= 8 + 1 + \frac{1}{2}$

$= 9\frac{1}{2}$

Möglichkeit 2 geht beim Addieren immer. Beim Subtrahieren kann es Probleme geben, wenn der Bruch der 1. Zahl kleiner ist als der Bruch der 2. Zahl.

Übungsaufgaben

Aufgabe 1 ●○○

Berechne. Kürze das Ergebnis vollständig.

a) $\frac{2}{8} + \frac{4}{8} =$ ____________

b) $\frac{2}{5} + \frac{3}{5} =$ ____________

c) $\frac{3}{10} + \frac{9}{10} =$ ____________

d) $\frac{11}{15} + \frac{14}{15} =$ ____________

e) $\frac{13}{20} + \frac{3}{20} =$ ____________

f) $\frac{9}{25} + \frac{11}{25} =$ ____________

Aufgabe 2 ●○○

Berechne. Kürze das Ergebnis vollständig.

a) $\frac{13}{18} - \frac{4}{18} =$ ____________

b) $\frac{37}{7} - \frac{9}{7} =$ ____________

c) $\frac{7}{8} - \frac{5}{8} =$ ____________

d) $\frac{19}{24} - \frac{11}{24} =$ ____________

e) $\frac{17}{40} - \frac{9}{40} =$ ____________

f) $\frac{37}{30} - \frac{17}{30} =$ ____________

Aufgabe 3 ●○○

Welche Additionsaufgabe ist dargestellt?
Schreibe die zugehörige Aufgabe und das Ergebnis auf.

a) 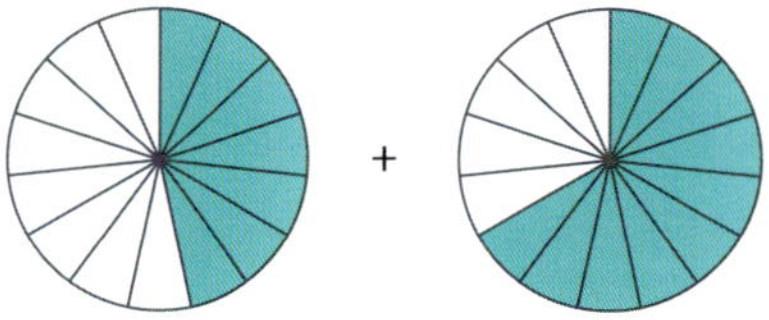 =

____________ + ____________ = ____________

b) 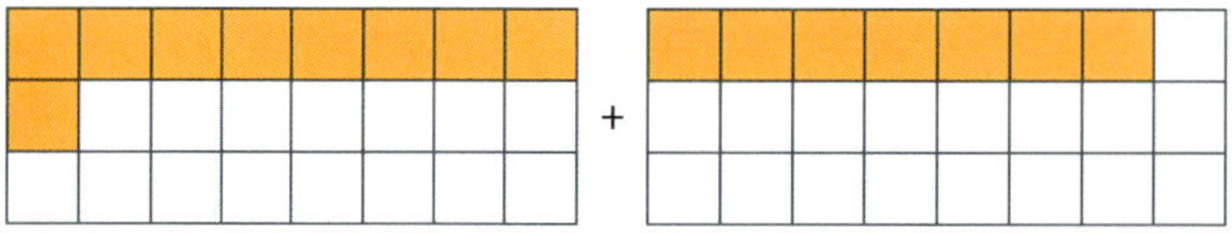 =

____________ + ____________ = ____________

Aufgabe 4 ●●○
Welche Zahlen fehlen? Vervollständige die Aufgaben.

a) $\frac{11}{8} + \frac{3}{8} - \frac{\square}{8} = \frac{7}{\square}$

b) $\frac{5}{10} - \frac{5}{\square} = \frac{\square}{10}$

c) $\frac{17}{50} + \frac{\square}{\square} = \frac{41}{50}$

Aufgabe 5 ●○○
Berechne.

a) $2\frac{1}{2} + 3\frac{1}{2} =$ ______

b) $4\frac{1}{3} + 2\frac{1}{3} =$ ______

c) $5\frac{1}{5} + 3\frac{2}{5} =$ ______

d) $4\frac{5}{8} + 5\frac{7}{8} =$ ______

e) $1\frac{7}{10} + 3\frac{9}{10} =$ ______

f) $4\frac{4}{7} + 2\frac{5}{7} =$ ______

Aufgabe 6 ●○○
Berechne.

a) $5\frac{5}{6} - 3\frac{1}{6} =$ ______

b) $7\frac{19}{20} - 3\frac{8}{20} =$ ______

c) $6\frac{7}{8} - 1\frac{1}{8} =$ ______

Aufgabe 7 ●●○
Berechne.

a) $4\frac{3}{11} - 1\frac{8}{11} =$ ______

b) $8\frac{7}{12} - 2\frac{11}{12} =$ ______

c) $5\frac{3}{10} - 4\frac{9}{10} =$ ______

Brüche addieren und subtrahieren

Kompetenzcheck

Ich kann …	Aufgabe	Ergebnis
… Brüche gleichnamig machen.	**Aufgabe 1** Mache die Brüche gleichnamig. a) $\frac{1}{4}; \frac{5}{6} =$ ______ b) $\frac{2}{3}; \frac{11}{12} =$ ______ c) $\frac{2}{3}; \frac{4}{5} =$ ______	→ S. 134
… Brüche addieren.	**Aufgabe 2** Fülle die Lücken aus. a) $\frac{3}{4} + \frac{1}{6} = \frac{\square}{12} + \frac{\square}{12} = \frac{\square}{12}$ b) $\frac{1}{3} + \frac{3}{8} = \frac{8}{\square} + \frac{9}{\square} = \frac{17}{\square}$	→ S. 134
	Aufgabe 3 Addiere. Kürze das Ergebnis vollständig. a) $\frac{1}{2} + \frac{2}{5} =$ ______ b) $\frac{2}{3} + \frac{4}{15} =$ ______ c) $\frac{5}{12} + \frac{24}{36} =$ ______	→ S. 134
… Brüche subtrahieren.	**Aufgabe 4** Subtrahiere. Kürze das Ergebnis vollständig. a) $\frac{5}{6} - \frac{5}{12} =$ ______ b) $\frac{9}{10} - \frac{3}{4} =$ ______ c) $\frac{30}{36} - \frac{7}{24} =$ ______	→ S. 135
… gemischte Zahlen addieren und subtrahieren.	**Aufgabe 5** Berechne. Gib das Ergebnis als gemischte Zahl mit vollständig gekürztem Bruch an. a) $4\frac{1}{4} + 2\frac{3}{8} =$ ______ b) $3\frac{1}{3} + 2\frac{5}{6} =$ ______ c) $11\frac{2}{5} - 4\frac{7}{10} =$ ______	→ S. 135

Schritt-für-Schritt-Erklärung

Fachbegriffe

So kannst du Brüche addieren und subtrahieren:

Du kannst **nur gleichnamige** Brüche addieren oder subtrahieren. Deshalb gehst du so vor:

Wie du Brüche gleichnamig machen kannst, kannst du in Kap. 1 „Erweitern von Brüchen" üben.

1. Mache zuerst die Brüche **gleichnamig**.
2. Addiere oder subtrahiere die gleichnamigen Brüche, indem du die **Zähler addierst oder subtrahierst** und den gemeinsamen **Nenner behältst**.
3. Kürze gegebenenfalls das Ergebnis.

Beispiele:

a) Addiere $\frac{2}{3} + \frac{1}{4}$.

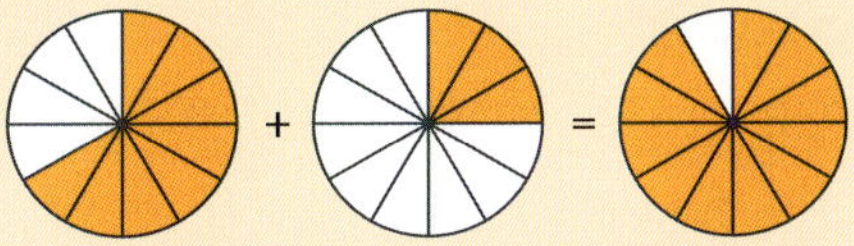

gemeinsamer Nenner: 12

$$\frac{2 \cdot 4}{3 \cdot 4} + \frac{1 \cdot 3}{4 \cdot 3} = \frac{8}{12} + \frac{3}{12}$$

$$= \frac{8+3}{12} = \frac{11}{12}$$

b) Subtrahiere $\frac{7}{8} - \frac{5}{6}$.

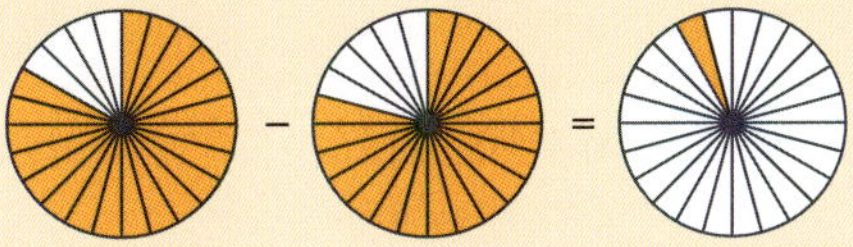

gemeinsamer Nenner: 24

$$\frac{7}{8} - \frac{5}{6} = \frac{7 \cdot 3}{8 \cdot 3} - \frac{5 \cdot 4}{6 \cdot 4} = \frac{21-20}{24} = \frac{1}{24}$$

Merke:

Addieren und Subtrahieren sind umgekehrte Rechenarten. Das heißt, du kannst das Addieren eines Bruches durch Subtrahieren des Bruches rückgängig machen und umgekehrt.

Beispiel:

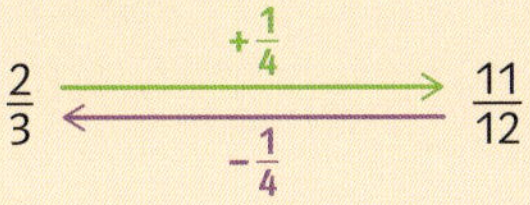

also: $\frac{2}{3} + \frac{1}{4} = \frac{11}{12}$

$\frac{11}{12} - \frac{1}{4} = \frac{2}{3}$

Schritt-für-Schritt-Erklärung

Fachbegriffe

So kannst du gemischte Zahlen addieren und subtrahieren:

Beispiel:

Berechne $3\frac{3}{4} + 5\frac{1}{3}$.

Möglichkeit 1:

1. Wandle die gemischten Zahlen in Brüche um.
2. Mache die Brüche gleichnamig.
3. Addiere oder subtrahiere die Brüche.
4. Wandle das Ergebnis wieder in eine gemischte Zahl um.

$$3\frac{3}{4} + 5\frac{1}{3} = \frac{15}{4} + \frac{16}{3}$$
$$= \frac{15 \cdot 3}{4 \cdot 3} + \frac{16 \cdot 4}{3 \cdot 4} = \frac{45}{12} + \frac{64}{12}$$
$$= \frac{109}{12}$$
$$= 9\frac{1}{12}$$

Möglichkeit 2:

1. Addiere (oder subtrahiere) die ganzen Zahlen. Mache die Brüche gleichnamig und addiere sie.
2. Addiere die ganze Zahl und den Bruch. Ist beim Bruch der Zähler größer als der Nenner, musst du den Bruch in eine gemischte Zahl umwandeln und zur ganzen Zahl dazuzählen.

$$3\frac{3}{4} + 5\frac{1}{3} = 3\frac{3 \cdot 3}{4 \cdot 3} + 5\frac{1 \cdot 4}{3 \cdot 4}$$
$$= 3\frac{9}{12} + 5\frac{4}{12}$$
$$= 3 + 5 + \frac{9}{12} + \frac{4}{12}$$
$$= 8\frac{13}{12} = 9\frac{1}{12}$$

Beim Subtrahieren ist Möglichkeit 1 besser.

Übungsaufgaben

Aufgabe 8 ●○○

Mache die Brüche gleichnamig. Fülle die Lücken aus.

a) $\frac{2}{3}$; $\frac{5}{12}$ $\quad \frac{\square}{12}$; $\frac{\square}{12}$

b) $\frac{3}{5}$; $\frac{1}{3}$ $\quad \frac{9}{\square}$; $\frac{5}{\square}$

c) $\frac{5}{6}$; $\frac{4}{9}$ $\quad \frac{\square}{18}$; $\frac{8}{\square}$

Aufgabe 9 ●○○

Ergänze die Lücken und addiere bzw. subtrahiere.

a) $\frac{3}{4} + \frac{3}{7} = \frac{\square}{28} + \frac{\square}{28} = \frac{\square}{28}$

b) $\frac{1}{6} + \frac{3}{4} = \frac{\square}{12} + \frac{\square}{12} = \frac{\square}{12}$

c) $\frac{1}{3} + \frac{3}{5} = \frac{\square}{15} + \frac{\square}{15} = \frac{\square}{15}$

d) $\frac{9}{10} - \frac{3}{4} = \frac{\square}{20} - \frac{\square}{20} = \frac{\square}{20}$

Aufgabe 10 ●○○

Berechne. Kürze das Ergebnis gegebenenfalls.

a) $\frac{2}{3} + \frac{4}{9}$

b) $\frac{5}{7} + \frac{3}{4}$

c) $\frac{3}{8} + \frac{4}{5}$

d) $\frac{1}{2} + \frac{4}{11}$

Aufgabe 11 ●○○

Berechne. Kürze das Ergebnis gegebenenfalls.

a) $\frac{4}{6} + \frac{5}{9}$

b) $\frac{7}{20} + \frac{1}{2}$

c) $\frac{2}{7} + \frac{3}{28}$

d) $\frac{2}{5} + \frac{7}{15}$

Aufgabe 12 ●○○

Berechne. Kürze das Ergebnis gegebenenfalls.

a) $\frac{4}{5} - \frac{1}{3}$

b) $\frac{11}{12} - \frac{3}{8}$

c) $\frac{11}{15} - \frac{3}{5}$

d) $\frac{7}{8} - \frac{1}{6}$

Aufgabe 13 ●○○

Berechne. Kürze das Ergebnis gegebenenfalls.

a) $\frac{39}{10} - \frac{35}{100}$

b) $\frac{19}{20} - \frac{5}{30}$

c) $\frac{15}{16} - \frac{7}{24}$

d) $\frac{11}{9} - \frac{5}{12}$

Übungsaufgaben

Aufgabe 14 ●●○

Wie viel haben die beiden Schlangen jeweils gefressen?

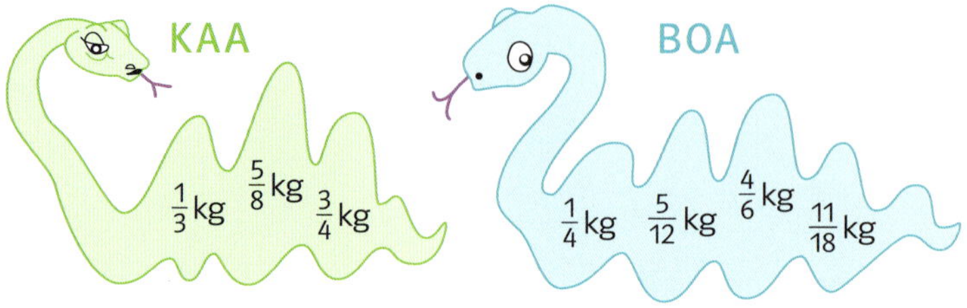

Aufgabe 15 ●●○

Setze für $\square$ Zahlen ein, so dass die Rechnung stimmt.

a) $\frac{1}{3} + \square = \frac{7}{8}$

b) $\frac{1}{6} + \square = \frac{2}{5}$

c) $\frac{21}{15} - \square = \frac{5}{6}$

d) $\frac{3}{16} + \square = \frac{12}{18}$

e) $\frac{28}{\square} + \frac{10}{\square} = \frac{19}{4}$

f) $\frac{48}{36} - \square = \frac{48}{54}$

Rechne mit Umkehrrechnung.
Beispiel:
$\frac{1}{3} + \square = \frac{7}{8}$
also $\frac{7}{8} - \frac{1}{3} = \square$

Aufgabe 16 ●●○

Nenne zwei Paare von Bruchzahlen, die gleich weit von $\frac{3}{5}$ entfernt sind.

Aufgabe 17 ●●●

Finde die Fehler und korrigiere die Aufgaben.

a) $\frac{9}{8} - \frac{2}{3} = \frac{7}{5}$

b) $\frac{4}{5} + \frac{2}{3} = \frac{12}{15} + \frac{6}{15} = \frac{18}{15} = \frac{6}{5}$

c) $\frac{3}{4} + \frac{2}{3} = \frac{5}{12}$

Aufgabe 18 ●○○

Berechne.

a) $5\frac{3}{4} + 3\frac{1}{8}$

b) $6\frac{5}{30} + 1\frac{2}{3}$

c) $4\frac{3}{11} - 1\frac{8}{11}$

d) $5\frac{3}{4} + 2\frac{5}{6}$

e) $3\frac{7}{20} - 1\frac{3}{8}$

f) $7\frac{2}{3} + \frac{9}{2}$

Aufgabe 19 ●○○
Vervollständige die Tabellen.

+	$2\frac{1}{2}$	$4\frac{2}{3}$	$5\frac{2}{5}$	$4\frac{3}{4}$
$2\frac{1}{2}$				
$4\frac{2}{3}$				
$5\frac{2}{5}$				
$4\frac{3}{4}$				

−	$2\frac{1}{2}$	$1\frac{2}{3}$	$2\frac{2}{5}$	$1\frac{3}{4}$
$2\frac{1}{2}$				
$4\frac{2}{3}$				
$5\frac{2}{5}$				
$4\frac{3}{4}$				

Aufgabe 20 ●●○
Steffen hat für seine Party 10 l Limo gekauft.

Uli trinkt $\frac{3}{4}$ l, Edu $\frac{8}{5}$ l, Nina $1\frac{1}{2}$ l, Andi $\frac{17}{8}$ l und er selbst $1\frac{1}{4}$ l.

Wie viel bleibt übrig?

Aufgabe 21 ●●○
Für einen Coconut-Kiss-Cocktail (200 ml) braucht man anteilig

- $\frac{3}{20}$ Kokossirup
- $\frac{1}{10}$ Sahne
- $\frac{1}{4}$ Ananassaft
- $\frac{1}{4}$ Orangensaft
- $\frac{2}{40}$ Grenadine

Wie viel Wasser muss noch zugefügt werden?

Aufgabe 22 ●○○
Erik gibt $\frac{2}{5}$ seines Taschengeldes für Zeitschriften und $\frac{1}{4}$ für Süßigkeiten aus.

a) Wie viel vom Taschengeld bleibt übrig?
b) Wie viel Euro kann Erik sparen, wenn er 10 € Taschengeld im Monat erhält?

Brüche vervielfachen und teilen

Kompetenzcheck

Ich kann …	Aufgabe	Ergebnis
… Brüche mit ganzen Zahlen multiplizieren.	**Aufgabe 1** Berechne. Kürze das Ergebnis vollständig. a) $5 \cdot \frac{3}{4} =$ ______ b) $4 \cdot \frac{4}{5} =$ ______ c) $3 \cdot \frac{5}{6} =$ ______ d) $6 \cdot \frac{11}{18} =$ ______	→ S. 135
… Brüche durch ganze Zahlen dividieren.	**Aufgabe 2** Berechne. Kürze das Ergebnis vollständig. a) $\frac{5}{2} : 4 =$ ______ b) $\frac{2}{3} : 3 =$ ______ c) $\frac{8}{9} : 4 =$ ______ d) $\frac{9}{14} : 3 =$ ______	→ S. 135
… den Unterschied zwischen Erweitern und Vervielfachen erklären.	**Aufgabe 3** Welche Aussagen sind richtig (r), welche falsch (f)? Kreuze an.	→ S. 135

	r	f
Beim Erweitern werden Zähler und Nenner mit derselben Zahl multipliziert.		
Anschaulich bleiben beim Erweitern alle Teile gleich groß.		
Beim Vervielfachen ändert sich der Wert des Bruches nicht.		
Beim Vervielfachen ändert sich anschaulich die Anzahl der markierten Teile.		

Ich kann …	Aufgabe	Ergebnis
… den Unterschied zwischen Kürzen und Teilen erklären.	**Aufgabe 4** Welche Aussagen sind richtig (r), welche falsch (f)? Kreuze an.	→ S. 135

	r	f
Beim Teilen ändert sich der Wert des Bruches.		
Beim Teilen ändert sich die Anzahl der markierten Teile.		
Beim Kürzen ändert sich der Wert des Bruches nicht.		
Beim Kürzen ändert sich die Anzahl der markierten Teile nicht.		

Schritt-für-Schritt-Erklärung

Fachbegriffe

Eine Zahl oder einen Bruch **vervielfachen** bedeutet, dass man die Zahl oder den Bruch **mit einer ganzen Zahl multipliziert**.
Einen Bruch zu **teilen** bedeutet, dass man den Bruch durch **eine ganze Zahl dividiert**.

So gehst du vor

So vervielfachst du einen Bruch:

Multipliziere den **Zähler** mit der Zahl und behalte den Nenner bei; d.h. der Nenner wird nicht verändert.

1. Schreibe Zahl mal Zähler über einen großen Bruchstrich und den Nenner darunter.
2. Du darfst vor dem Rechnen kürzen! Überprüfe, ob du **eine Zahl aus dem Zähler mit dem Nenner** kürzen kannst.
3. Berechne das Ergebnis. Überprüfe, ob du das Ergebnis kürzen kannst.

Beispiele:

Berechne $3 \cdot \frac{5}{8}$.

$3 \cdot \frac{5}{8} = \frac{3 \cdot 5}{8} = \frac{15}{8}$

Berechne $4 \cdot \frac{3}{8}$.

$\frac{4 \cdot 3}{8} = \frac{{}^{1}\not{4} \cdot 3}{\not{8}_{2}} = \frac{3}{2}$

Beachte: $3 \cdot \frac{5}{8} = \frac{5}{8} \cdot 3$, denn beim Multiplizieren darf man die Faktoren vertauschen.

Wenn du vor dem Rechnen kürzt, kannst du dir meist viel Rechenarbeit ersparen.

Beachte: Vervielfachen ist **nicht** das gleiche wie Erweitern.

Vervielfachen

$2 \cdot \frac{3}{8}$ bedeutet:
„Nimm 2 Bruchteile von $\frac{3}{8}$".

Also **ändert** sich der **Wert des Bruches**.

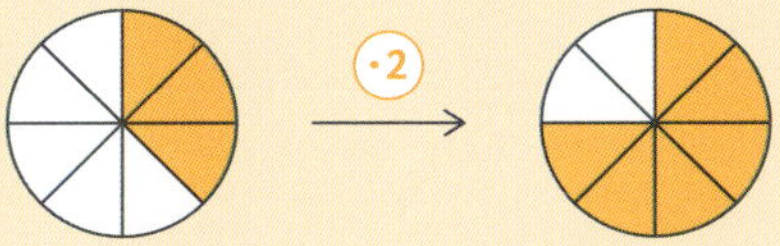

$\frac{3}{8}$ $\qquad$ $2 \cdot \frac{3}{8} = \frac{6}{8} = \frac{3}{4}$

Du hast nach dem Vervielfachen mehr Teile als vorher.

Erweitern

$\frac{3}{8}$ mit 2 erweitern bedeutet:

„Unterteile jedes Bruchteil in 2 gleich große Teile."
Also **ändert** sich der **Wert des Bruches nicht**.

$\frac{3}{8}$ $\;=\;$ $\frac{3 \cdot 2}{8 \cdot 2} = \frac{6}{16}$

Beim Erweitern wird nicht gekürzt!

Schritt-für-Schritt-Erklärung

So gehst du vor

So teilst du einen Bruch durch eine Zahl:

Multipliziere den **Nenner** mit der Zahl und behalte den Zähler bei.

1. Schreibe den Zähler über einen großen Bruchstrich und Nenner mal Zahl darunter.
2. Überprüfe, ob du vor dem Rechnen den **Zähler mit dem Nenner kürzen** kannst.
3. Berechne das Ergebnis. Überprüfe, ob du das Ergebnis noch kürzen kannst.

Beispiele:

Berechne $\frac{3}{5} : 2$.

$\frac{3}{5} : 2 = \frac{3}{5 \cdot 2} = \frac{3}{10}$

Berechne $\frac{6}{5} : 3$.

$\frac{6}{5} : 3 = \frac{\cancel{6}^{2}}{5 \cdot \cancel{3}_{1}} = \frac{2}{5}$

Beachte: Teilen ist nicht das gleiche wie Kürzen.

Teilen

$\frac{2}{4} : 2$ bedeutet:

„Teile $\frac{2}{4}$ in 2 gleich große Teile."

Also **ändert** sich der **Wert des Bruches**.

Kürzen

$\frac{2}{4}$ gekürzt mit 2 bedeutet:

„Fasse 2 gleich große Teile zu einem Teil zusammen." Also **ändert** sich der **Wert des Bruches nicht**.

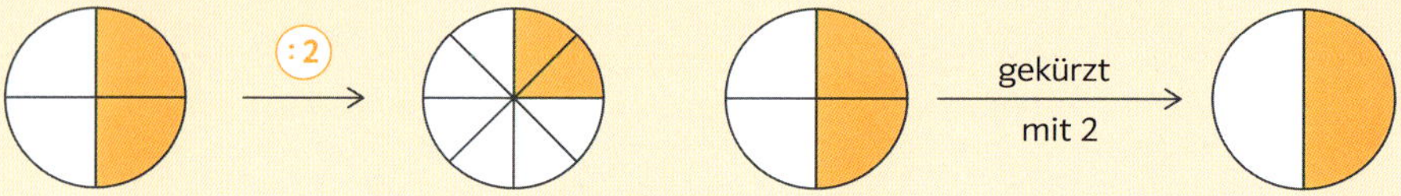

$\frac{2}{4}$

$\frac{2}{4} : 2 = \frac{2}{4 \cdot 2} = \frac{2}{8}$

$= \frac{2}{8} = \frac{1}{4}$

$\frac{2}{4}$ = $\frac{2:2}{4:2} = \frac{1}{2}$

Teile jedes Viertel in 2 gleich große Teile. Dann hast du Achtel. Nimm wieder 2 davon.

Übungsaufgaben

Aufgabe 23 ●○○

Berechne.

a) $\frac{2}{5} \cdot 9$ b) $2 \cdot \frac{3}{5}$ c) $5 \cdot \frac{2}{7}$ d) $4 \cdot \frac{5}{9}$

e) $10 \cdot \frac{2}{3}$ f) $\frac{3}{2} \cdot 9$ g) $11 \cdot \frac{3}{4}$ h) $8 \cdot \frac{4}{15}$

Aufgabe 24 ●○○

Berechne. Hier kannst du vor dem Rechnen kürzen. Gib das Ergebnis als vollständig gekürzten Bruch an.

a) $\frac{3}{4} \cdot 6$ b) $\frac{3}{8} \cdot 4$ c) $8 \cdot \frac{5}{8}$ d) $\frac{11}{48} \cdot 8$

e) $\frac{7}{20} \cdot 10$ f) $\frac{7}{10} \cdot 14$ g) $\frac{4}{5} \cdot 10$ h) $15 \cdot \frac{3}{25}$

Aufgabe 25 ●○○

In einer Saftflasche sind $\frac{3}{4}$ l Apfelsaft. Wie viel Liter Saft sind in einem Kasten mit sechs Flaschen?

Aufgabe 26 ●○○

a) Ein Euro ist $\frac{17}{8}$ mm dick. Wie hoch ist ein Turm aus 20 Eurostücken?

b) Am Montag hat Sebastian acht Schulstunden Unterricht und eine Schulstunde Mittagspause. Wie lange ist Sebastian in der Schule?

Eine Schulstunde dauert $\frac{3}{4}$ h.

Aufgabe 27 ●●○

Ergänze die Lücken.

a) $\square \cdot \frac{2}{3} = \frac{10}{3}$ b) $4 \cdot \frac{\square}{5} = \frac{28}{5}$ c) $\square \cdot \frac{2}{3} = 2$

Aufgabe 28 ●○○

Berechne.

a) $\frac{1}{4} : 5$ b) $\frac{2}{5} : 3$ c) $\frac{5}{8} : 4$ d) $\frac{5}{7} : 2$

e) $\frac{7}{8} : 6$ f) $\frac{9}{2} : 8$ g) $\frac{1}{3} : 3$ h) $\frac{2}{9} : 9$

Übungsaufgaben

Aufgabe 29 ●○○

Berechne. Hier kannst du **vor** dem Rechnen kürzen. Gib das Ergebnis als vollständig gekürzten Bruch an.

a) $\frac{15}{4} : 5$ b) $\frac{8}{5} : 4$ c) $\frac{14}{3} : 20$ d) $\frac{2}{3} : 6$

e) $\frac{21}{2} : 9$ f) $\frac{28}{7} : 8$ g) $\frac{12}{5} : 3$ h) $\frac{60}{25} : 12$

Aufgabe 30 ●●○

Drei Freunde teilen sich $1\frac{1}{2}$ l Limonade. Wie viel Liter erhält jeder?

Aufgabe 31 ●●○

Ergänze die fehlenden Zahlen.

a) $3 \cdot \frac{4}{15} = \square$ b) $4 \cdot \square = \frac{12}{7}$ c) $\square \cdot 10 = 2$

d) $\frac{4}{5} : \square = \frac{4}{15}$ e) $\frac{6}{11} : \square = \frac{3}{11}$ f) $\square : 5 = \frac{3}{8}$

Aufgabe 32 ●●○

Ergänze die fehlenden Zahlen.

a) $\frac{7}{\square} = \frac{28}{52}$ b) $\frac{6}{10} : \square = \frac{1}{5}$

c) $2 \cdot \frac{5}{\square} = \frac{5}{6}$ d) $\frac{12}{30} = \frac{\square}{10}$

3 12 13 4

Multiplizieren von Brüchen

Kompetenzcheck

Ich kann …	Aufgabe	Ergebnis
… zwei Brüche multiplizieren.	**Aufgabe 1** Berechne. Gib das Ergebnis als vollständig gekürzten Bruch an. a) $\frac{1}{2}\cdot\frac{4}{5}=$ ______ b) $\frac{1}{2}\cdot\frac{3}{4}=$ ______	→ S. 136
… die Multiplikation durch Kürzen vor dem Rechnen vereinfachen.	**Aufgabe 2** Berechne. Gib das Ergebnis als vollständig gekürzten Bruch an. a) $\frac{8}{15}\cdot\frac{5}{6}=$ ______ b) $\frac{4}{2}\cdot\frac{5}{3}$ ______	→ S. 136
… zwei gemischte Zahlen multiplizieren.	**Aufgabe 3** Berechne. Gib das Ergebnis als gemischte Zahl an. a) $1\frac{3}{5}\cdot 2\frac{1}{2}=$ ______ b) $1\frac{3}{4}\cdot 3\frac{1}{2}=$ ______	→ S. 136
… die Multiplikation von zwei Brüchen anschaulich erklären.	**Aufgabe 4** Welche Aufgabe ist dargestellt? Kreuze an. a) 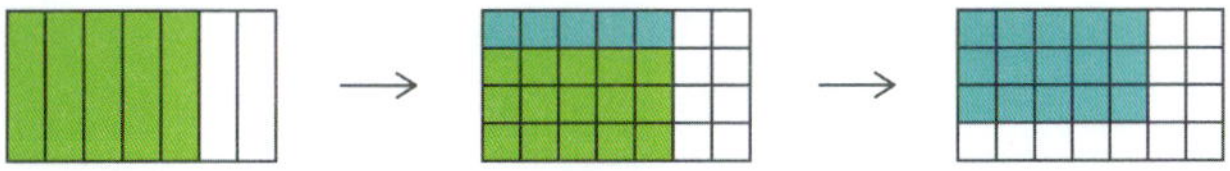 ☐ $\frac{2}{7}\cdot\frac{4}{3}$ ☐ $\frac{5}{7}\cdot\frac{4}{3}$ ☐ $\frac{2}{7}\cdot\frac{3}{4}$ ☐ $\frac{5}{7}\cdot\frac{3}{4}$ b) 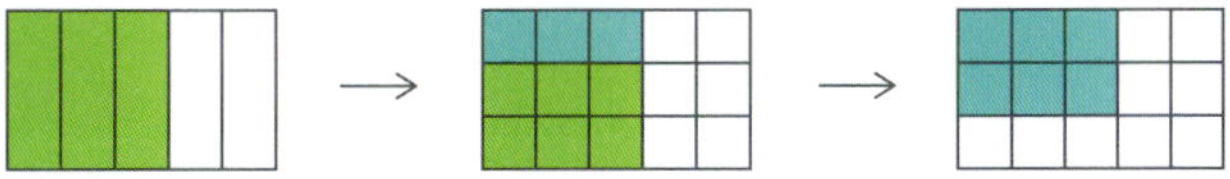 ☐ $\frac{2}{3}$ von $\frac{3}{5}$ ☐ $\frac{3}{2}$ von $\frac{3}{5}$ ☐ $\frac{3}{5}$ von $\frac{2}{3}$ ☐ $\frac{2}{5}$ von $\frac{2}{3}$	→ S. 136

Schritt-für-Schritt-Erklärung

Fachbegriffe

Die **Multiplikation von zwei Brüchen** kann man sich so vorstellen:

$\frac{3}{4} \cdot \frac{2}{5}$ bedeutet $\frac{3}{4}$ von $\frac{2}{5}$, d.h. nimm $\frac{2}{5}$ (von einem Ganzen) und davon noch mal $\frac{3}{4}$.

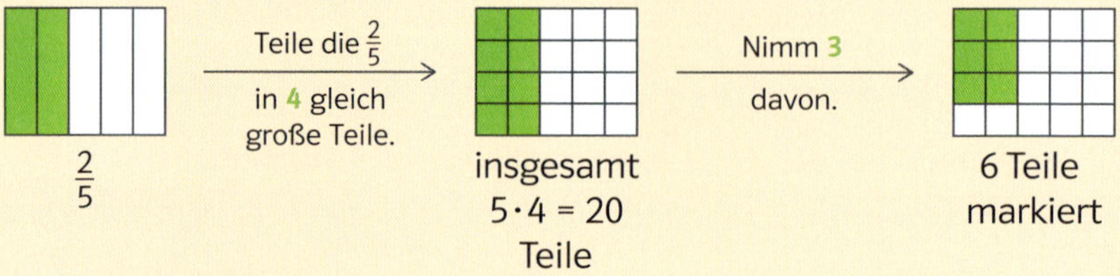

Also $\frac{3}{4} \cdot \frac{2}{5} = \frac{6}{20} = \frac{3}{10}$.

Kürzen nicht vergessen!

So gehst du vor

So kannst du Brüche multiplizieren:

Regel: Zähler mal Zähler und Nenner mal Nenner.

Beispiel:

Berechne $\frac{3}{4} \cdot \frac{2}{5}$.

1. Schreibe die Aufgabe als **ein Bruch**, also über den Bruchstrich Zähler mal Zähler und darunter Nenner mal Nenner.
2. Überprüfe, ob du kürzen kannst. Du darfst immer **eine Zahl im Zähler und eine Zahl im Nenner kürzen**.
3. Berechne das Ergebnis.

$\frac{3}{4} \cdot \frac{2}{5} = \frac{3 \cdot 2}{4 \cdot 5}$

$\frac{3 \cdot 2}{4 \cdot 5} = \frac{3 \cdot 1}{2 \cdot 5}$

$= \frac{3}{10}$

Du kannst auch ohne Kürzen rechnen und erst am Schluss das Ergebnis kürzen.

Mit diesem Verfahren kannst du auch mehrere Brüche multiplizieren.

So gehst du vor

So kannst du gemischte Zahlen multiplizieren:

Beispiel:

Berechne $1\frac{1}{2} \cdot 2\frac{2}{5}$.

1. Wandle die gemischten Zahlen in **Brüche** um.
2. Multipliziere die zwei Brüche, rechne also Zähler mal Zähler und Nenner mal Nenner.

$1\frac{1}{2} \cdot 2\frac{2}{5} = \frac{3}{2} \cdot \frac{12}{5} = \frac{3}{2} \cdot \frac{12}{5} = \frac{36}{10}$

$= 3\frac{6}{10} = 3\frac{3}{5}$

Schritt-für-Schritt-Erklärung

Fachbegriffe
So gehst du vor
Beispiele

Aufgabe 33 ●○○

Veranschauliche die Rechnung, fülle die Lücken aus und berechne das Ergebnis.

a) $\frac{2}{3} \cdot \frac{4}{5}$

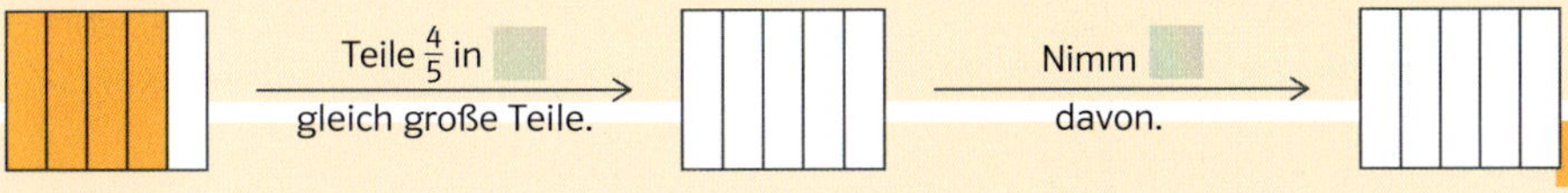

b) $\frac{3}{4} \cdot \frac{1}{6}$

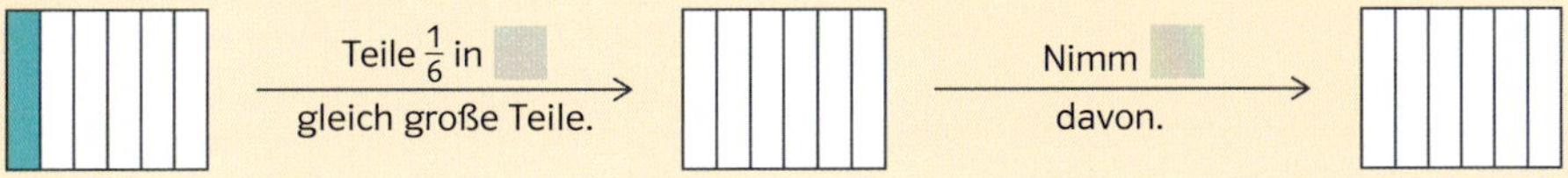

Aufgabe 34 ●●●

Berechne.

a) $\frac{1}{7} \cdot \frac{3}{4}$ b) $\frac{2}{5} \cdot \frac{2}{3}$ c) $\frac{4}{5} \cdot \frac{6}{7}$ d) $\frac{2}{3} \cdot \frac{4}{5}$

e) $\frac{3}{5} \cdot \frac{1}{5}$ f) $\frac{1}{6} \cdot \frac{5}{4}$ g) $\frac{3}{7} \cdot \frac{4}{11}$ h) $\frac{2}{9} \cdot \frac{5}{7}$

Aufgabe 35 ●○○

Berechne. Gib das Ergebnis als vollständig gekürzten Bruch an.

a) $\frac{3}{2} \cdot \frac{2}{5}$ b) $\frac{2}{3} \cdot \frac{1}{2}$ c) $\frac{5}{6} \cdot \frac{6}{7}$ d) $\frac{5}{12} \cdot \frac{9}{25}$

Aufgabe 36 ●●○

Berechne. Gib das Ergebnis als vollständig gekürzten Bruch an.

a) $\frac{30}{20} \cdot \frac{18}{45}$ b) $\frac{33}{26} \cdot \frac{14}{88}$ c) $\frac{60}{48} \cdot \frac{72}{45}$ d) $\frac{81}{51} \cdot \frac{34}{54}$

Aufgabe 37 ●○○

Berechne.

$\cdot$	$\frac{3}{10}$	$\frac{2}{3}$	$\frac{5}{8}$
$\frac{3}{4}$			
$\frac{5}{6}$			
$\frac{8}{5}$			

Übungsaufgaben

Aufgabe 38 ●○○

Berechne. Gib das Ergebnis als vollständig gekürzten Bruch an.

a) $\frac{5}{6}$ von $\frac{3}{8}$ b) $\frac{2}{9}$ von $\frac{3}{10}$ c) $\frac{9}{10}$ von $\frac{2}{3}$ d) $\frac{3}{5}$ von $\frac{5}{21}$

e) $\frac{1}{4}$ von $\frac{8}{5}$ f) $\frac{9}{20}$ von $\frac{5}{12}$ g) $\frac{3}{4}$ von $\frac{8}{9}$ h) $\frac{5}{24}$ von $\frac{8}{15}$

Aufgabe 39 ●●○

Berechne die Produkte.

a) $\frac{2}{3} \cdot \frac{14}{6} \cdot \frac{9}{8}$ b) $\frac{4}{5} \cdot \frac{4}{5} \cdot \frac{4}{5}$ c) $\frac{1}{4} \cdot \frac{2}{3} \cdot \frac{3}{2} \cdot \frac{4}{1}$ d) $\frac{5}{2} \cdot \frac{3}{4} \cdot 1$

Aufgabe 40 ●●○

Finde die Fehler und korrigiere die Aufgaben.

a) $\frac{3}{5} \cdot \frac{2}{5} = \frac{5}{5}$ b) $\frac{2}{3} \cdot \frac{4}{9} = \frac{{}^{1}\cancel{2} \cdot \cancel{4}^{2}}{3 \cdot 9} = \frac{1 \cdot 2}{{}_{1}\cancel{3} \cdot \cancel{9}_{3}} = \frac{2}{3}$ c) $3 \cdot \frac{1}{5} = \frac{3}{15}$ d) $2\frac{3}{4} \cdot 3 = 6\frac{3}{4}$

Aufgabe 41 ●●○

Schreibe als Produkt von zwei Brüchen.

a) $\frac{8}{39}$ b) $\frac{32}{63}$ c) $\frac{40}{21}$

Aufgabe 42 ●●●

Wie verändert sich ein Produkt, wenn

a) ein Faktor halbiert wird?
b) beide Faktoren verdoppelt werden?
c) ein Faktor halbiert, der zweite Faktor verdoppelt wird?
d) drei Faktoren halbiert werden?

Aufgabe 43 ●○○

Berechne.

a) $2\frac{4}{6} \cdot 2\frac{1}{4}$ b) $2\frac{1}{3} \cdot 1\frac{1}{4}$ c) $2\frac{1}{4} \cdot 1\frac{3}{5}$

Aufgabe 44 ●●●

Berechne die Flächeninhalte dieser Rechtecke.

a)
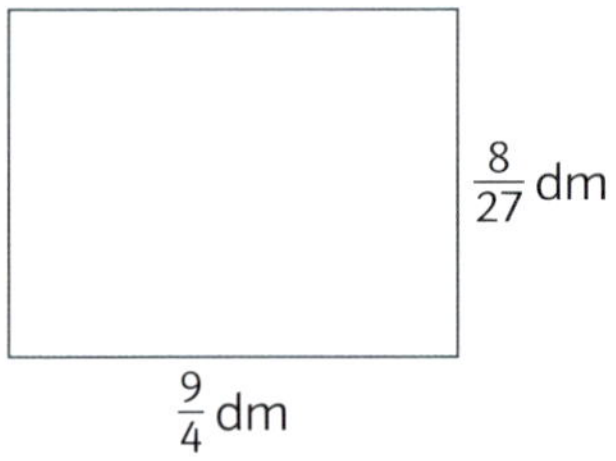

b)
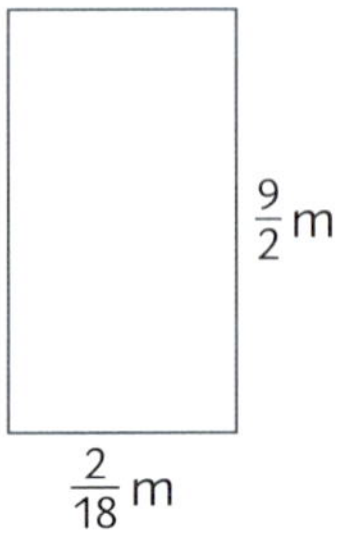

Dividieren von Brüchen

Kompetenzcheck

Ich kann …	Aufgabe	Ergebnis
… Brüche durch Brüche dividieren.	**Aufgabe 1** Berechne. Gib gegebenenfalls das Ergebnis als vollständig gekürzten Bruch an. a) $\frac{1}{3} : \frac{3}{4} =$ __________ b) $\frac{5}{6} : \frac{10}{6} =$ __________ c) $\frac{3}{4} : \frac{9}{2} =$ __________ d) $\frac{\frac{2}{5}}{\frac{5}{3}} =$ __________ e) Wie oft ist $\frac{2}{15}$ in $\frac{8}{5}$ enthalten? __________	→ S. 136
… eine gemischte Zahl durch eine gemischte Zahl dividieren.	**Aufgabe 2** Berechne. Gib das Ergebnis als gemischte Zahl an, wenn möglich. a) $1\frac{7}{8} : \frac{5}{4} =$ __________ b) $1\frac{1}{2} : 2\frac{1}{4} =$ __________	→ S. 136
… eine Multiplikation durch eine Division rückgängig machen und umgekehrt.	**Aufgabe 3** Berechne den fehlenden Bruch. a) $\frac{3}{4} \cdot \square = \frac{1}{6}$ __________ b) $\frac{8}{5} : \square = \frac{1}{4}$ __________	→ S. 136

Schritt-für-Schritt-Erklärung

Fachbegriffe

Die Multiplikation mit einem Bruch wird durch die Division durch denselben Bruch rückgängig gemacht.

Beispiel: $\frac{3}{10} \xrightarrow{\cdot \frac{5}{6}} \frac{15}{30} = \frac{1}{2}$; $\frac{15}{30} \xrightarrow{: \frac{5}{6}} \frac{3}{10}$

Denke dran: Multiplikation mit einem Bruch bedeutet „von".

$\frac{1}{4} : \frac{5}{6}$ bedeutet: „**Wie oft ist** $\frac{5}{6}$ in $\frac{1}{4}$ **enthalten**?"

Die Aufgabe $\frac{1}{4} : \frac{5}{6}$ kann auch als **Doppelbruch** geschrieben werden.

Dabei wird das „Geteilt-Zeichen" durch einen Bruchstrich ersetzt.

Es gilt: $\frac{1}{4} : \frac{5}{6} = \frac{\frac{1}{4}}{\frac{5}{6}}$

Fachbegriffe

Was ist ein Kehrbruch?

$\frac{3}{2} \cdot \frac{2}{3} = 1$, das bedeutet,

„$\cdot \frac{2}{3}$" macht „$: \frac{3}{2}$" rückgängig, also muss „$\cdot \frac{2}{3}$" dasselbe sein wie „$: \frac{3}{2}$".

Man nennt $\frac{2}{3}$ den **Kehrbruch** oder **Kehrwert** von $\frac{3}{2}$.

So gehst du vor

So erhältst du den Kehrbruch:

Den Kehrbruch (auch Kehrwert) eines Bruches erhältst du, wenn du **Zähler und Nenner vertauschst**.

$\frac{3}{2} \leftrightarrows \frac{2}{3}$

Bruch Kehrbruch

So gehst du vor

So kannst du durch einen Bruch dividieren:

Regel: Multipliziere den ersten Bruch mit dem Kehrbruch des zweiten Bruches.

1. Bilde den Kehrbruch des zweiten Bruches, indem du Zähler und Nenner vertauschst.
2. Multipliziere den ersten Bruch mit dem Kehrbruch.
3. Kürze das Ergebnis gegebenenfalls.

Berechne $\frac{8}{15} : \frac{4}{5}$.

$\frac{4}{5} \leftrightarrows \frac{5}{4}$

$\frac{8}{15} : \frac{4}{5} = \frac{8}{15} \cdot \frac{5}{4}$

$= \frac{40}{60} = \frac{4}{6}$

$= \frac{2}{3}$

Denke dran, dass du schon vor dem Multiplizieren kürzen darfst!

Schritt-für-Schritt-Erklärung

So gehst du vor

So kannst du eine gemischte Zahl durch eine gemischte Zahl dividieren:

Beispiel:
Berechne $2\frac{1}{4} : 3\frac{3}{8}$.

1. Wandle die gemischten Zahlen in Brüche um.
2. Dividiere, indem du den ersten Bruch mit dem Kehrbruch des zweiten Bruches multiplizierst.
3. Gib das Ergebnis als gemischte Zahl oder als vollständig gekürzten Bruch an.

$2\frac{1}{4} : 3\frac{3}{8} = \frac{9}{4} : \frac{27}{8}$

$= \frac{9}{4} \cdot \frac{8}{27} = \frac{{}^{1}\cancel{9} \cdot \cancel{8}^{2}}{{}_{1}\cancel{4} \cdot \cancel{27}_{3}}$

$= \frac{1 \cdot 2}{1 \cdot 3} = \frac{2}{3}$

So gehst du vor

So kannst du eine Multiplikation oder Division rückgängig machen:

1. Multiplikation
Rechne die Umkehraufgabe.
Teile das Ergebnis durch einen Faktor.

> *Ein Faktor ist die Zahl in einer Multiplikation.*

Beispiel: $\frac{2}{3} \cdot \clubsuit = \frac{3}{8}$

Schreibe um:

$\clubsuit \cdot \frac{2}{3} = \frac{3}{8}$

Umkehraufgabe:

$\frac{3}{8} : \frac{2}{3} = \clubsuit$

Rechne $\frac{3}{8} \cdot \frac{3}{2} = \frac{9}{16}$.

2. Division
Eine Division ist eine Multiplikation mit dem Kehrbruch.
1. Schreibe die Aufgabe als Multiplikation.
2. Rechne die Umkehraufgabe.
3. **Achtung:** vom Ergebnis musst du den Kehrbruch nehmen!

Beispiel: $\frac{7}{10} : \clubsuit = \frac{3}{5}$

> *Wähle dann statt $\clubsuit$ ein anderes Symbol.*

Multiplikation:

$\frac{7}{10} \cdot \heartsuit = \frac{3}{5}$

Schreibe um:

$\heartsuit \cdot \frac{7}{10} = \frac{3}{5}$

$\frac{3}{5} : \frac{7}{10} = \heartsuit$

Rechne: $\frac{3}{5} \cdot \frac{10}{7}$

$= \frac{6}{7} = \heartsuit$

> *Wenn du schon vor dem Rechnen kürzt, kannst du dir (viel) Arbeit ersparen!*

Kehrbruch: $\clubsuit = \frac{7}{6}$

> *$\clubsuit$ und $\heartsuit$ sind Kehrbrüche.*

Übungsaufgaben

Aufgabe 45 ●○○
Gib den Kehrbruch an.

a) $\frac{3}{4}$ b) $\frac{2}{5}$ c) $\frac{7}{10}$ d) $\frac{1}{3}$

Aufgabe 46 ●○○
Berechne.

a) $\frac{1}{4} : \frac{2}{3}$ b) $\frac{2}{5} : \frac{3}{4}$ c) $\frac{4}{5} : \frac{1}{4}$ d) $\frac{1}{2} : \frac{4}{3}$

e) $\frac{7}{10} : \frac{5}{3}$ f) $\frac{1}{7} : \frac{4}{3}$ g) $\frac{2}{5} : \frac{3}{2}$ h) $\frac{2}{3} : \frac{9}{8}$

Aufgabe 47 ●○○
Berechne. Gib das Ergebnis als vollständig gekürzten Bruch an.

a) $\frac{3}{4} : \frac{1}{8}$ b) $\frac{16}{15} : \frac{4}{21}$ c) $\frac{3}{4} : \frac{6}{2}$ d) $\frac{17}{52} : \frac{51}{13}$

e) $\frac{3}{10} : \frac{9}{15}$ f) $\frac{4}{5} : \frac{1}{8}$ g) $\frac{18}{14} : \frac{6}{28}$ h) $\frac{49}{36} : \frac{21}{45}$

i) $\frac{8}{9} : \frac{4}{27}$ j) $\frac{44}{56} : \frac{55}{70}$ k) $\frac{4}{9} : \frac{2}{3}$ l) $\frac{8}{9} : \frac{8}{9}$

Aufgabe 48 ●○○
Berechne, wie oft etwas in etwas enthalten ist.

a) $\frac{4}{5}$ in $\frac{9}{8}$ b) $\frac{5}{7}$ in $\frac{3}{4}$ c) $\frac{7}{4}$ in $\frac{2}{5}$ d) $\frac{4}{5}$ in $\frac{2}{3}$

Aufgabe 49 ●○○
Fülle die Tabellen aus.

a)

:	$\frac{1}{2}$	$\frac{2}{3}$	$\frac{3}{4}$	$\frac{4}{5}$	$\frac{5}{8}$
$\frac{4}{7}$					
$\frac{4}{5}$					
$\frac{7}{3}$					
$\frac{6}{8}$					

b)

:	$\frac{4}{3}$	$\frac{5}{6}$	$\frac{3}{8}$	$\frac{15}{12}$	$\frac{25}{12}$
$\frac{1}{2}$					
$\frac{5}{4}$					
$\frac{9}{8}$					
$\frac{2}{3}$					

Aufgabe 50 ●●○

Ergänze die fehlenden Brüche.

Rechne die Umkehraufgabe.

a) $\frac{3}{5} : \square = \frac{9}{20}$ b) $\square : \frac{3}{2} = \frac{4}{15}$

c) $\square : \frac{5}{7} = \frac{28}{15}$ d) $\frac{3}{8} : \square = \frac{33}{56}$

Aufgabe 51 ●○○

Berechne.

a) $\frac{8}{5} : 3\frac{1}{25}$ b) $4\frac{1}{6} : 1\frac{1}{2}$ c) $3\frac{3}{5} : \frac{3}{5}$

Aufgabe 52 ●●○

Fülle die Platzhalter aus.

a) $2\frac{2}{5} \cdot \square = 5\frac{3}{5}$ b) $3\frac{3}{4} : \square = 5\frac{1}{4}$ c) $\square \cdot 1\frac{3}{7} = 2\frac{1}{2}$ d) $\square : 3\frac{1}{5} = 1\frac{1}{24}$

Aufgabe 53 ●●●

Bilde aus den Zahlenkärtchen zwei Divisionsaufgaben mit Brüchen, so dass das Ergebnis

1   2   3   4

a) so groß wie möglich wird.
b) so klein wie möglich wird.

Rechenausdrücke mit Brüchen berechnen

Kompetenzcheck

Ich kann …	Aufgabe	Ergebnis
… durch Vertauschen Terme geschickt berechnen.	**Aufgabe 1** Berechne geschickt. a) $\frac{4}{3}+\frac{3}{4}+\frac{1}{6}+\frac{3}{4}=$ ______ b) $\frac{3}{5}+\frac{1}{4}-\frac{1}{5}=$ ______ c) $\frac{2}{3}\cdot\frac{2}{5}\cdot\frac{9}{4}=$ ______ d) $\frac{4}{9}\cdot\frac{2}{5}:\frac{8}{9}=$ ______	→ S. 137
… mithilfe der Vorfahrtsregeln Terme berechnen.	**Aufgabe 2** Berechne. a) $\frac{2}{3}+\frac{5}{3}\cdot\frac{3}{20}=$ ______ b) $\frac{2}{9}\cdot\left(\frac{3}{4}-\frac{1}{8}\right)=$ ______	→ S. 137
… durch Ausklammern Terme vereinfachen und berechnen.	**Aufgabe 3** Klammere aus und berechne dann. a) $\frac{2}{9}\cdot\frac{3}{5}+\frac{2}{9}\cdot\frac{4}{5}=\square\cdot\left(\frac{3}{5}+\frac{4}{5}\right)=\square$ ______ b) $\frac{5}{8}:\frac{2}{3}+\frac{7}{8}:\frac{2}{3}=\left(\square+\square\right):\frac{2}{3}=\square$ ______	→ S. 137
… durch Ausmultiplizieren Terme vereinfachen und berechnen.	**Aufgabe 4** Multipliziere aus und berechne dann. $\frac{2}{3}\cdot\left(\frac{3}{4}+\frac{3}{5}\right)=\frac{2}{3}\cdot\square+\frac{2}{3}\cdot\square=\square$ ______	→ S. 137

Schritt-für-Schritt-Erklärung

Fachbegriffe

Die Rechengesetze, die für die natürlichen Zahlen gelten, gelten auch bei den Brüchen. Sie legen nicht nur die Reihenfolge beim Rechnen fest, sondern können dir auch helfen, einfacher zu rechnen.

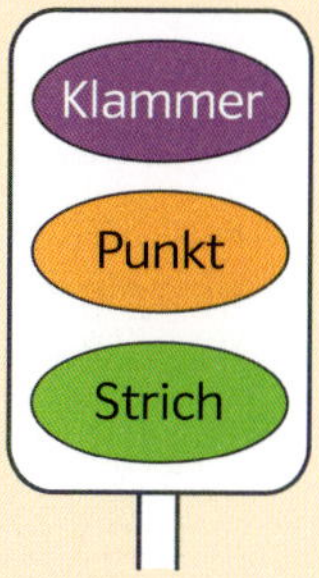

Beim Rechnen mit Termen gelten folgende Vorfahrtsregeln:

① Was in **Klammern** steht, wird zuerst berechnet.

② **Punkt**rechnung geht **vor Strich**rechnung.

③ Besteht ein Term nur aus Punkt- oder nur aus Strichrechnungen, dann rechnet man **von links nach rechts**.

So gehst du vor

So kannst du einen Term schrittweise berechnen:

- Löse die Aufgabe übersichtlich. Schreibe dafür jede Umformung in eine neue Zeile, die du immer mit „=" beginnst.
- Überlege bei jedem Schritt, welche Regel du beachten musst. Überprüfe also immer nacheinander, ob
  - eine Klammer (①)
  - Punkt- oder Strichrechnung (②)
  - nur Punkt- oder nur Strichrechnung

  da sind. (③)
- Schreibe das Ergebnis als vollständig gekürzten Bruch.

Beispiel:

Berechne $\frac{3}{8} + \frac{3}{4} \cdot \left(\frac{1}{3} + \frac{5}{6}\right)$.

Achte darauf, dass du unveränderte Teile übernimmst.

$\frac{3}{8} + \frac{3}{4} \cdot \left(\frac{1}{3} + \frac{5}{6}\right)$ Klammer

$= \frac{3}{8} + \frac{3}{4} \cdot \frac{7}{6}$ Punkt vor Strich

$= \frac{3}{8} + \frac{7}{8}$ nur Striche

$= \frac{10}{8}$ kürzen

$= \frac{5}{4}$

Schritt-für-Schritt-Erklärung

So gehst du vor

Folgende Regeln helfen dir, Terme geschickt zu berechnen:

a) **Vertauschen**
Sind in einem Rechenausdruck nur Punkt- oder nur Strichrechnungen vorhanden, darf man die einzelnen Rechenschritte (d.h. die Brüche mit ihren Rechenzeichen) **vertauschen**.

Beispiel:

$$\frac{5}{8}+\frac{2}{3}-\frac{1}{8}+\frac{2}{3}$$

$$=\underbrace{\frac{5}{8}-\frac{1}{8}}_{\frac{4}{8}=\frac{1}{2}}+\underbrace{\frac{2}{3}+\frac{2}{3}}_{\frac{4}{3}}$$

$$=\frac{3}{6}+\frac{8}{6}=\frac{11}{6}$$

Suche bei der Strichrechnung Brüche mit gleichem Nenner, bei der Punktrechnung Brüche, die du im Zähler und Nenner kürzen kannst.

b) **Ausmultiplizieren**

Es gilt: $a\cdot(b \oplus c) = a\cdot b \oplus a\cdot c$

$(b \oplus c)\cdot a = b\cdot a \oplus c\cdot a$

$(b \oplus c):a = b:a \oplus c:a$

1. Multipliziere (oder dividiere) jeden Bruch in der Klammer mit dem Bruch vor bzw. nach der Klammer.
2. Addiere diese beiden Ergebnisse.

Beispiel:

$$\frac{3}{4}\cdot\left(\frac{2}{3}+\frac{1}{6}\right)$$

$$\frac{3}{4}\cdot\left(\frac{2}{3}+\frac{1}{6}\right)$$

$$=\frac{\cancel{3}^{1}\cdot 2}{4\cdot\cancel{3}_{1}}+\frac{\cancel{3}^{1}\cdot 1}{4\cdot\cancel{6}_{2}}$$

$$=\frac{1}{2}+\frac{1}{8}=\frac{4}{8}+\frac{1}{8}$$

$$=\frac{5}{8}$$

c) **Ausklammern**
Ausklammern ist die Umkehrung vom Ausmultiplizieren.
1. Suche den **gleichen Faktor** und setze ihn vor eine Klammer.
2. Schreibe die beiden restlichen Brüche mit dem Rechenzeichen in die Klammer.
3. Berechne die Klammer und multipliziere das Teilergebnis mit dem Bruch vor der Klammer.

Beispiel:

$$\frac{5}{6}\cdot\frac{9}{8}-\frac{5}{6}\cdot\frac{3}{8}$$

$$=\frac{5}{6}\cdot\left(\frac{9}{8}-\frac{3}{8}\right)$$

$$=\frac{5}{6}\cdot\underbrace{\left(\frac{9}{8}-\frac{3}{8}\right)}_{\frac{6}{8}}$$

$$=\frac{5}{6}\cdot\frac{6}{8}$$

$$=\frac{5\cdot\cancel{6}^{1}}{{}_{1}\cancel{6}\cdot 8}=\frac{5}{8}$$

Übungsaufgaben

Aufgabe 54 ●○○

Berechne geschickt, indem du die Reihenfolge vertauschst.

a) $\frac{1}{4}+\frac{2}{5}+\frac{3}{4}$ b) $\frac{2}{3}+\frac{2}{9}+\frac{2}{3}$ c) $\frac{3}{2}+\frac{3}{7}+\frac{1}{2}$

d) $\frac{5}{6}+\frac{3}{4}-\frac{1}{6}$ e) $\frac{8}{15}+\frac{3}{10}-\frac{4}{15}+\frac{1}{10}$ f) $\frac{9}{8}+\frac{1}{4}-\frac{3}{8}-\frac{1}{4}$

Aufgabe 55 ●○○

Berechne geschickt, indem du vor dem Rechnen kürzt.

a) $\frac{2}{3}\cdot\frac{14}{6}\cdot\frac{9}{8}$ b) $\frac{1}{4}\cdot\frac{2}{3}\cdot\frac{3}{2}\cdot\frac{4}{1}$ c) $\frac{5}{2}\cdot\frac{4}{15}:\frac{4}{3}$

Aufgabe 56 ●○○

Berechne. Achte auf „Punkt vor Strich".

a) $\frac{3}{5}\cdot\frac{5}{8}-\frac{1}{4}$ b) $\frac{3}{4}-\frac{3}{4}\cdot\frac{2}{3}$ c) $\frac{5}{3}-\frac{2}{9}\cdot\frac{3}{4}$

d) $\frac{1}{4}+\frac{3}{4}:\frac{2}{3}$ e) $\frac{7}{10}+\frac{1}{6}:\frac{5}{3}$ f) $\frac{7}{4}-\frac{5}{6}\cdot\frac{3}{2}$

Aufgabe 57 ●○○

Berechne.

Berechne zuerst die Klammer!

a) $\frac{6}{5}-\left(\frac{3}{4}\cdot\frac{8}{25}\right)$ b) $\left(\frac{3}{8}\cdot\frac{20}{9}\right)-\frac{2}{3}$ c) $\frac{1}{2}+\left(\frac{2}{3}:\frac{4}{3}\right)$

d) $\left(\frac{1}{2}:\frac{3}{4}\right)+\frac{1}{3}$ e) $\left(\frac{5}{4}\cdot\frac{3}{5}\right)-\left(\frac{9}{8}\cdot\frac{2}{3}\right)$ f) $\frac{11}{12}-\left(\frac{1}{2}:\frac{3}{5}\right)$

Aufgabe 58 ●○○

Berechne.

a) $\frac{3}{4}\cdot\frac{5}{8}\cdot\frac{2}{3}$ b) $\left(\frac{5}{9}+\frac{4}{6}\right):\frac{10}{3}$ c) $\frac{7}{3}+\frac{3}{8}\cdot\frac{4}{9}$

d) $\frac{3}{4}+\frac{5}{6}:\frac{2}{3}$ e) $\frac{4}{3}-\frac{8}{15}:\frac{4}{5}$ f) $\frac{4}{15}+\frac{2}{5}+\frac{8}{15}$

Aufgabe 59 ●○○

Schreibe einen Rechenausdruck auf und berechne ihn.

a) Addiere das Produkt aus $\frac{9}{2}$ und $\frac{4}{15}$ zur Differenz aus $\frac{7}{10}$ und $\frac{1}{5}$.

b) Addiere den Quotienten aus $\frac{9}{20}$ und $\frac{2}{5}$ zu der Summe aus $\frac{1}{4}$ und $\frac{5}{8}$.

c) Multipliziere den Quotienten aus 5 und 8 mit der Differenz aus $\frac{7}{3}$ und $\frac{4}{5}$.

Übungsaufgaben

Aufgabe 60 ●●●
Setze Klammern so, dass die Rechnungen stimmen.

a) $\frac{3}{4} \cdot \frac{7}{10} - \frac{3}{10} + \frac{7}{10} = 1$

b) $\frac{2}{3} + 3 \cdot \frac{3}{4} - \frac{1}{4} = \frac{13}{6}$

c) $\frac{5}{6} + \frac{1}{2} \cdot \frac{5}{4} - \frac{7}{8} = \frac{1}{2}$

Aufgabe 61 ●●○
Finde die Fehler, korrigiere sie und löse die Aufgabe richtig.

a) $\frac{1}{4} + \frac{2}{3} \cdot \frac{6}{8}$

$= \frac{3}{12} + \frac{8}{12} \cdot \frac{6}{8}$

$= \frac{11}{12} \cdot \frac{6}{8}$

$= \frac{11}{16}$

b) $\frac{20}{15} : \frac{5}{18} + \frac{1}{3}$

$= \frac{5}{3} : \frac{5}{18} + \frac{1}{3}$

$= \frac{25}{54} + \frac{1}{3}$

$= \frac{25}{54} + \frac{18}{54}$

$= \frac{43}{54}$

Aufgabe 62 ●○○
Setze jeweils den passenden Bruch ein und berechne.

a) $\frac{5}{8} \cdot \left(\frac{7}{5} - \frac{2}{3}\right) = \square \cdot \frac{7}{5} - \square \cdot \frac{2}{3} =$ ____________________

b) $\left(\frac{8}{5} - \frac{2}{9}\right) \cdot \frac{3}{8} = \frac{3}{8} \cdot \square - \frac{3}{8} \cdot \square =$ ____________________

Aufgabe 63 ●○○
Berechne durch Ausmultiplizieren.

a) $\frac{5}{4} \cdot \left(\frac{2}{5} + \frac{8}{15}\right) =$ ____________________

b) $\left(\frac{4}{3} - \frac{2}{3}\right) \cdot \frac{1}{2} =$ ____________________

c) $\left(\frac{7}{10} + \frac{1}{20}\right) \cdot 5 =$ ____________________

Aufgabe 64 ●○○

Berechne durch Ausklammern.

a) $\frac{4}{7} \cdot \frac{3}{11} + \frac{4}{7} \cdot \frac{8}{11} =$ ______

b) $\frac{1}{6} \cdot \frac{10}{9} - \frac{1}{9} \cdot \frac{1}{6} =$ ______

c) $\frac{4}{5} \cdot \frac{4}{7} + \frac{4}{5} \cdot \frac{6}{7} =$ ______

Aufgabe 65 ●○○

Berechne. Entscheide selbst, wie du vorgehen möchtest. Gib das Ergebnis als vollständig gekürzten Bruch an.

a) $\frac{2}{3} \cdot \left(\frac{9}{4} + \frac{5}{4}\right) =$ ______

b) $\left(\frac{5}{7} - \frac{1}{21}\right) \cdot \frac{1}{2} =$ ______

c) $\left(\frac{3}{4} - \frac{3}{5}\right) \cdot \frac{1}{3} =$ ______

d) $\frac{4}{5} \cdot \frac{2}{5} - \frac{2}{5} \cdot \frac{3}{10} =$ ______

e) $\frac{2}{9} \cdot \frac{2}{5} + \frac{2}{9} \cdot \frac{1}{10} =$ ______

f) $\frac{2}{7} \cdot \frac{4}{3} - \frac{2}{7} \cdot \frac{1}{3} =$ ______

Abschlusskompetenzcheck

	Ich kann ...	✓
1	**... gleichnamige Brüche addieren und subtrahieren.** Berechne. Kürze das Ergebnis gegebenenfalls vollständig. a) $\frac{11}{35} + \frac{14}{35} =$ ______ b) $\frac{7}{6} - \frac{5}{6} =$ ______ c) $\frac{23}{20} - \frac{13}{20} =$ ______	
2	**... Brüche addieren und subtrahieren.** Berechne. Kreuze alle richtigen Ergebnisse an.	
3	**... gemischte Zahlen addieren und subtrahieren.** Berechne. a) $5\frac{3}{4} + 2\frac{1}{2} =$ ______ b) $7\frac{1}{6} - 2\frac{4}{9} =$ ______ c) $3\frac{2}{3} + 4\frac{3}{4} =$ ______	

Tabelle zu Aufgabe 2:

a)	$\frac{3}{4} + \frac{1}{6} =$ ☐	☐ $\frac{4}{10}$	☐ $\frac{11}{12}$	☐ $\frac{22}{24}$	☐ $\frac{2}{5}$
b)	$\frac{17}{20} - \frac{3}{4} =$ ☐	☐ $\frac{1}{10}$	☐ $\frac{14}{16}$	☐ $\frac{7}{8}$	☐ $\frac{2}{20}$
c)	☐ $- \frac{1}{6} = \frac{4}{3}$	☐ $\frac{5}{9}$	☐ $\frac{9}{6}$	☐ $\frac{3}{2}$	☐ $\frac{5}{3}$
d)	$\frac{7}{12} +$ ☐ $= \frac{5}{4}$	☐ $\frac{2}{3}$	☐ $\frac{2}{8}$	☐ $\frac{8}{12}$	☐ $\frac{4}{6}$
e)	Luke möchte sich ein neues Computerspiel kaufen. Er hat bereits $\frac{1}{4}$ des Preises gespart. Mutter und Vater geben jeweils $\frac{1}{5}$ dazu. Reicht es, wenn ihm sein Onkel noch $\frac{1}{3}$ dazugibt?				

	Ich kann …	✓
4	**… Brüche vervielfachen und teilen.** Berechne. Kürze das Ergebnis gegebenenfalls vollständig. a) $\frac{5}{8} \cdot 4 =$ ______ b) $6 \cdot \frac{2}{9} =$ ______ c) $\frac{2}{3} : 5 =$ ______ d) $\frac{12}{16} : 3 =$ ______	
5	**… Brüche multiplizieren.** Berechne. Kürze das Ergebnis gegebenenfalls vollständig. a) $\frac{1}{6} \cdot \frac{5}{3} =$ ______ b) $\frac{3}{20} \cdot \frac{8}{9} =$ ______ c) $\frac{2}{3}$ von $\frac{3}{4} =$ ______	
6	**… durch Brüche dividieren.** Berechne. Kreuze alle richtigen Zahlen an. a) $\frac{2}{9} : \frac{4}{3}$ — ☐ $\frac{3}{18}$ ☐ $\frac{8}{27}$ ☐ $\frac{1}{6}$ ☐ $\frac{5}{13}$ b) Wie oft ist $\frac{3}{4}$ in $\frac{1}{2}$ enthalten? — ☐ $\frac{3}{2}$ ☐ $\frac{2}{3}$ ☐ $\frac{3}{8}$ ☐ $\frac{8}{3}$	
7	**… Multiplikation durch Division rückgängig machen.** Berechne die fehlenden Brüche. a) $\frac{3}{8} \cdot \square = \frac{1}{6}$ b) $\frac{8}{15} : \square = \frac{12}{25}$	
8	**… Terme mit Brüchen berechnen.** Berechne. a) $\frac{3}{4} \cdot \left(\frac{5}{3} + \frac{2}{6}\right) =$ ______ b) $\frac{11}{12} - \frac{2}{3} \cdot \frac{3}{4} =$ ______ c) $\frac{3}{4} \cdot \frac{2}{9} + \frac{2}{5} \cdot \frac{5}{8} =$ ______	

3 Dezimale Schreibweise für Brüche – Dezimalbrüche

Dezimalbrüche

Kompetenzcheck

Ich kann …	Aufgabe	Ergebnis
… Dezimalbrüche lesen und schreiben.	**Aufgabe 1** Schreibe als Dezimalbruch. a) null Komma drei fünf = ______ , ______ b) eins Komma null zwei = ______ , ______ c) zehn Komma zwei null drei = ______ , ______	→ S. 152
… einen Dezimalbruch in einen Bruch umwandeln.	**Aufgabe 2** Schreibe als Bruch. a) 0,7 = ______ b) 0,51 = ______ c) 0,123 = ______ d) 0,097 = ______ e) 10,11 = ______	→ S. 152
… einen Bruch mit Nenner 10, 100, 1000 in einen Dezimalbruch umwandeln.	**Aufgabe 3** Schreibe als Dezimalbruch. a) $\frac{3}{10}$ = ______ b) $\frac{52}{100}$ = ______ c) $\frac{9}{1000}$ = ______ d) $\frac{456}{100}$ = ______	→ S. 152
… einen Bruch durch Erweitern und Kürzen in einen Dezimalbruch umwandeln.	**Aufgabe 4** Wandle die Brüche in Dezimalbrüche um. a) $\frac{2}{5}$ = ______ b) $\frac{17}{20}$ = ______ c) $\frac{9}{25}$ = ______ d) $\frac{16}{40}$ = ______	→ S. 152

Schritt-für-Schritt-Erklärung

Fachbegriffe

Gebrochene Zahlen können als **Brüche** mit Zähler und Nenner geschrieben werden oder auch in **Dezimalschreibweise** mit Komma.

0,5; 1,23; 19,99 sind Zahlen in Dezimalschreibweise.

Wusstest du schon ...? „Dezi" kommt aus dem Lateinischen und bedeutet „Zehntel". Du weißt, dass 1 m = 10 dm ist. Du kannst aber auch sagen: 1 dm = $\frac{1}{10}$ m.

Vor dem Komma stehen die **Ganzen, hinter dem Komma** die **Teile** eines Ganzen.
Die erste Ziffer rechts vom Komma hat den Wert Zehntel $\left(\frac{1}{10}\right)$, die zweite Ziffer Hundertstel $\left(\frac{1}{100}\right)$, die dritte Ziffer Tausendstel $\left(\frac{1}{1000}\right)$ usw.
Deshalb heißen die Zahlen in Dezimalschreibweise auch kurz **Dezimalbrüche**.

Die Ganzen werden als eine Zahl gelesen, die Ziffern nach dem Komma einzeln aufgezählt.

Beispiele: 0,23 null Komma zwei drei
25,31 fünfundzwanzig Komma null drei eins

Beachte:
Wenn man an einen Dezimalbruch rechts **Nullen anhängt**, ändert sich der Wert **nicht**, z.B. 0,2 = 0,20 = 0,200 oder 0,37 = 0,370 = 0,3700.

Dezimalbrüche können in einer **Stellenwerttafel veranschaulicht** werden.

So gehst du vor

So kannst du einen Dezimalbruch in einen Bruch umwandeln:

Möglichkeit 1:
Trage den Dezimalbruch in eine Stellenwerttafel ein. Die letzte Ziffer (außer Null) rechts gibt den Nenner des Bruches an.

Hunderter	Zehner	Einer	Komma	Zehntel	Hunderstel	Tausendstel	
H	Z	E		$\frac{1}{10}$	$\frac{1}{100}$	$\frac{1}{1000}$	
		0	,	1			$0{,}1 = \frac{1}{10}$
	1	2	,	0	6		$12{,}06 = \frac{1206}{100}$
		0	,	0	2	3	$0{,}023 = \frac{23}{1000}$

Schritt-für-Schritt-Erklärung

So gehst du vor

Möglichkeit 2:
1. Zähle die Stellen nach dem Komma. Zwei Stellen nach dem Komma bedeutet Hundertstel.
2. Schreibe die Zahl ohne Komma in den Zähler, im Nenner steht 100.
3. Kürze den Bruch vollständig.

Beispiel: 1,12

$1,\underbrace{12}$

$= \frac{112}{100}$

$= \frac{28}{25}$

Merke: Zwei Stellen, zwei Nullen im Nenner!

So gehst du vor

So kannst du einen Bruch in einen Dezimalbruch umwandeln:

I. Der Bruch hat im Nenner 10, 100, 1000, ... stehen.

1. Schreibe den Zähler als Zahl.
2. Zähle die Nullen im Nenner. Zähle bei der Zahl von rechts genau so viele Stellen ab und setze dort das Komma.
   Beachte: Vor dem Komma muss eine Zahl stehen. Wenn dort keine Zahl mehr ist, musst du eine Null vor das Komma schreiben. Lücken füllst du mit Nullen auf.

Beispiele:

$\frac{249}{100} = 2,\underbrace{49}$

2 Nullen — 2 Stellen

$\frac{47}{1000} = 0,\underbrace{047}$

3 Nullen — 3 Stellen

II. Der Bruch kann auf Zehntel, Hundertstel, Tausendstel, ... erweitert oder gekürzt werden.

1. Erweitere oder kürze den Bruch so, dass 10, 100, 1000, ... im Nenner stehen.
2. Schreibe dann den Bruch als Dezimalbruch (wie in I. erklärt).

Beispiele:

a) $\frac{3}{4}$ Rechne: 100 : 4 = 25

$= \frac{3 \cdot 25}{4 \cdot 25} = \frac{75}{100} = 0,75$

b) $\frac{5}{8}$ Rechne: 1000 : 8 = 125

$= \frac{5 \cdot 125}{8 \cdot 125} = \frac{625}{1000} = 0,625$

c) $\frac{24}{40} = \frac{24 : 8}{40 : 8} = \frac{3}{5}$

$= \frac{3 \cdot 20}{5 \cdot 20} = \frac{60}{100} = 0,60 = 0,6$

Beachte: Brüche mit Nennern wie 3, 6, 7, ... kannst du so nicht als Dezimalzahl schreiben, weil sie sich nicht auf 10, 100, ... erweitern lassen.

Übungsaufgaben

Aufgabe 1 ●○○
Schreibe als Dezimalbruch.

a) zwei Komma null fünf
b) dreißig Komma sieben null neun
c) hundertfünf Komma vier neun
d) null Komma null drei acht

Aufgabe 2 ●○○
Lies den Dezimalbruch und verbinde.

a) zwei Komma null sechs
b) zweiundzwanzig Komma null sechs
c) null Komma zwei sechs
d) null Komma zwei null sechs

22,06 0,26 2,06 0,206

Aufgabe 3 ●○○
Schreibe als Bruch.

a) 0,101 b) 0,99 c) 0,007 d) 1,237
e) 0,07 f) 1,3 g) 0,093 h) 13,03

Aufgabe 4 ●○○
Schreibe als Bruch. Kürze dann den Bruch vollständig.

a) 0,8 b) 1,5 c) 5,2 d) 0,04
e) 0,56 f) 2,34 g) 15,05 h) 0,025

Aufgabe 5 ●○○
Schreibe als Dezimalbruch.

a) $\frac{2}{10}$ b) $\frac{23}{100}$ c) $\frac{82}{1000}$ d) $\frac{123}{10}$

e) $\frac{207}{100}$ f) $\frac{3}{1000}$ g) $\frac{1234}{100}$ h) $\frac{987}{10}$

Aufgabe 6 ●○○
Schreibe als Dezimalbruch.

a) $\frac{1}{4}$ b) $\frac{3}{5}$ c) $\frac{1}{2}$ d) $\frac{4}{10}$

e) $\frac{13}{20}$ f) $\frac{2}{25}$ g) $\frac{7}{8}$ h) $\frac{7}{200}$

Übungsaufgaben

Aufgabe 7 ●●○

Schreibe als Dezimalbruch.

a) $\frac{63}{300}$ b) $\frac{21}{35}$ c) $\frac{16}{40}$

d) $\frac{24}{30}$ e) $\frac{8}{200}$ f) $\frac{364}{400}$

g) $\frac{150}{750}$ h) $\frac{12}{800}$

Tipp: Hier kannst du kürzen!

Aufgabe 8 ●○○

Bei diesen Zahlen kannst du überflüssige Nullen streichen.
Schreibe die Zahlen mit möglichst wenig Nullen.

a) 0,500 b) 0,0830 c) 0,5200
d) 12,6000 e) 2,00300 f) 05,20720

Aufgabe 9 ●○○

Finde immer drei Zahlen, die denselben Wert haben.

0,01 $\frac{2}{20}$ $\frac{1}{5}$ $\frac{1}{100}$ 120 %

10 % 2 % 1% 20 %

0,1 $\frac{6}{5}$ 0,2 $\frac{1}{50}$ 0,02 1,2

Dezimalbrüche auf der Zahlengeraden am Zahlenstrahl

Kompetenzcheck

Ich kann …	Aufgabe	Ergebnis
… Dezimalbrüche an der Zahlengeraden ablesen.	**Aufgabe 1** Lies die markierten Zahlen ab und schreibe sie als Dezimalbruch. 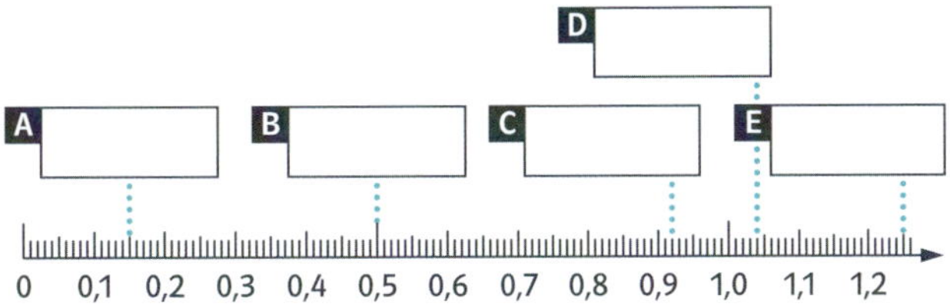 	→ S. 152
… Dezimalbrüche auf der Zahlengeraden eintragen.	**Aufgabe 2** Markiere die Zahlen auf der Zahlengeraden. 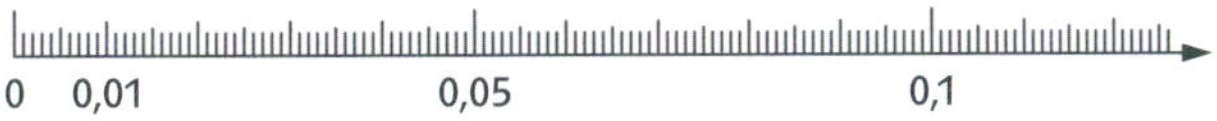 A: 0,01 B: 0,025 C: 0,061 D: 0,099 E: 0,105	→ S. 152

Schritt-für-Schritt-Erklärung

Fachbegriffe

Wie die natürlichen Zahlen können auch Dezimalbrüche auf einer **Zahlengeraden** dargestellt werden. Jedem Dezimalbruch, der mit 0,… beginnt, kannst du seinen Platz zwischen 0 und 1 zuordnen.
Zwischen zwei Dezimalbrüchen auf dem Zahlenstrahl liegen beliebig viele weitere Dezimalbrüche. Man sagt, die Dezimalbrüche liegen **dicht**.

Beispiel: 0,126
0,126 liegt zwischen 0 und 1, genauer zwischen 0,1 und 0,2.

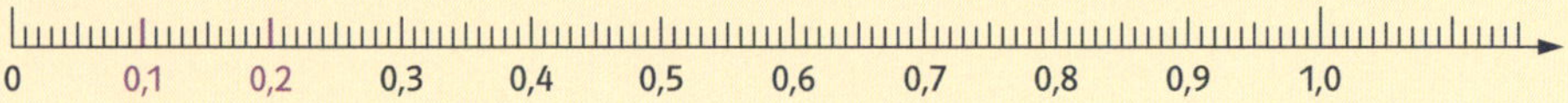

0,126 liegt noch genauer zwischen 0,12 und 0,13.

So gehst du vor

So kannst du mithilfe eines Lineals eine Zahl auf der Zahlengeraden markieren oder ablesen:

Wichtig: Die Zahlengerade muss als 1 Längeneinheit (LE) 1 cm haben.

1. Betrachte (die) zwei Zahlen, die jeweils zehn Striche auseinander sind.
2. Zähle dann von der ersten Zahl jeweils an einer Stelle weiter rechts immer 1 weiter.

Sind Zahlen zwischen zwei Strichen gesucht, kannst du mit dem Lineal weiter unterteilen.

Beispiel:

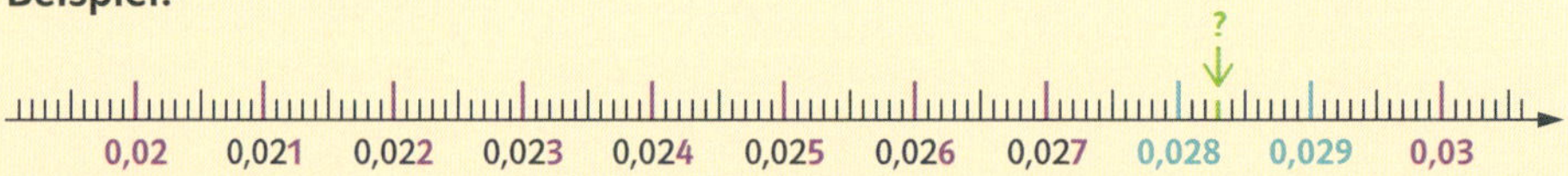

dazwischen liegen 0,0281
0,0282
0,0283 …

Die markierte Zahl ist **0,0283**.

Übungsaufgaben

Aufgabe 10

Beschrifte die Zahlengerade.

a) 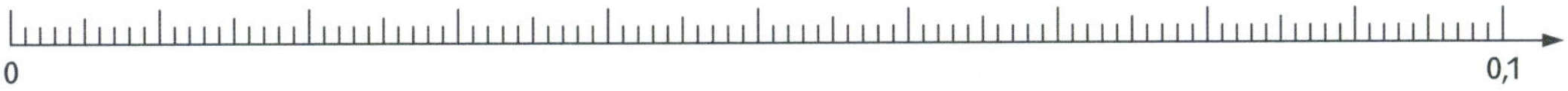

b) 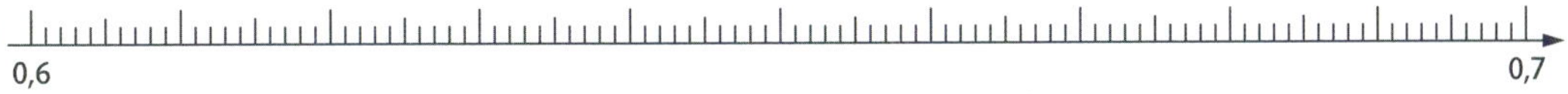

c) 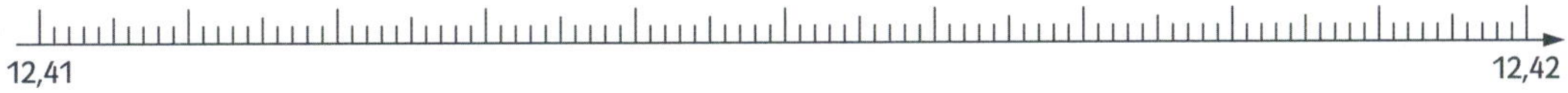

Aufgabe 11

Gib die markierten Dezimalbrüche an.

a) 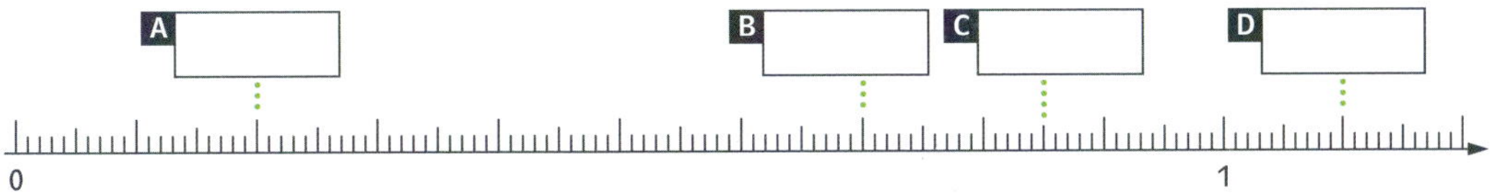

b) 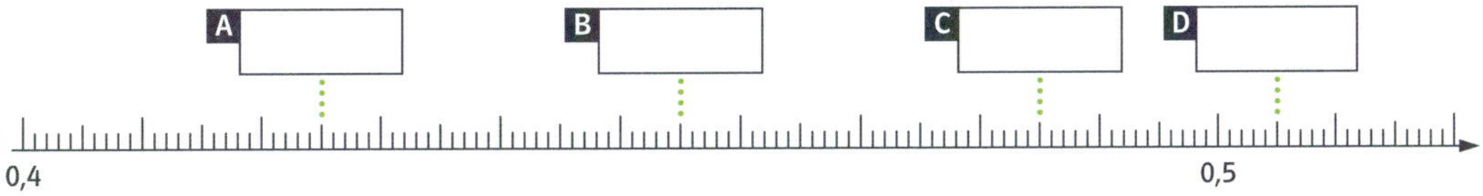

c) 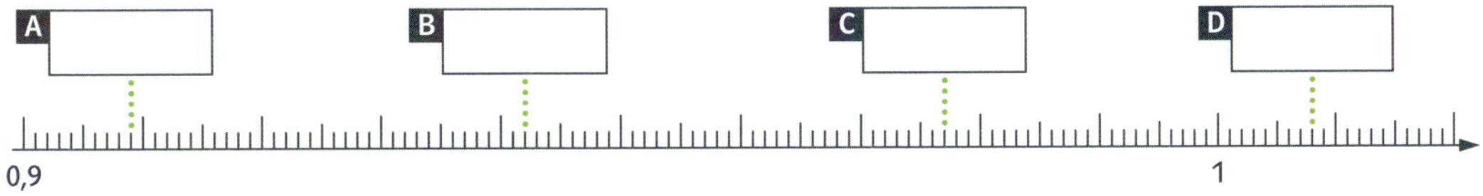

d) 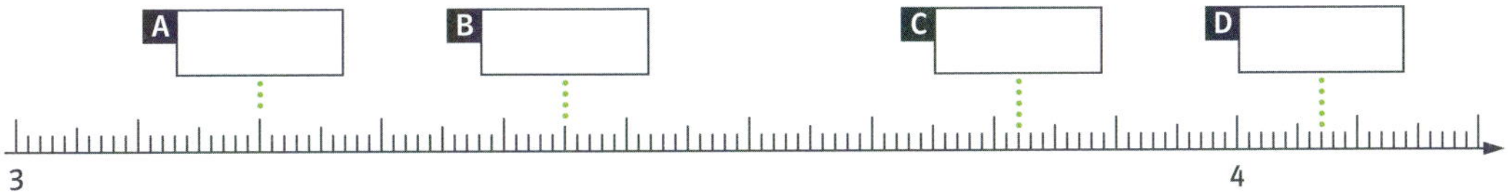

Übungsaufgaben

Aufgabe 12 ●○○

Gib die markierten Dezimalbrüche an.

a) 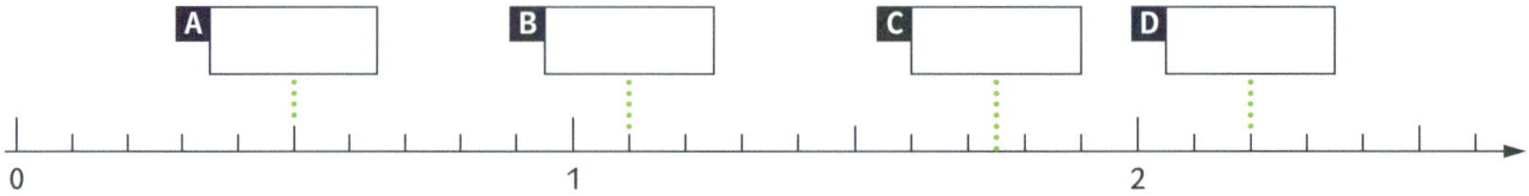

b) 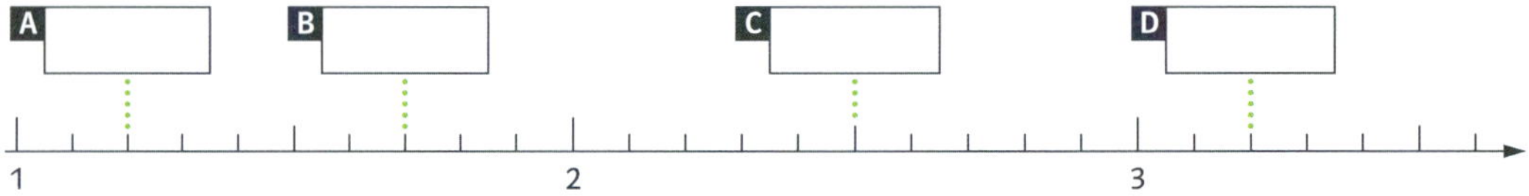

c) 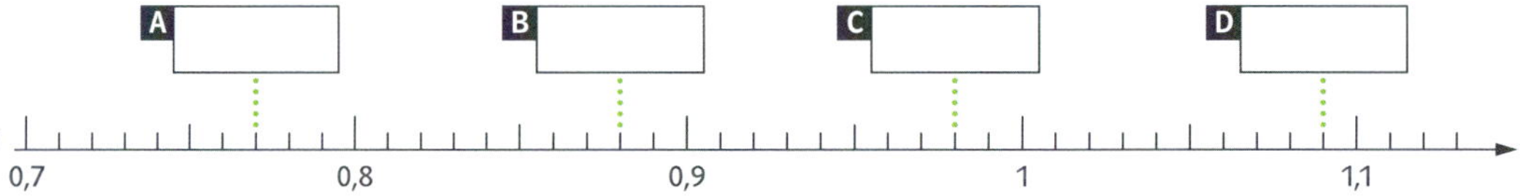

Aufgabe 13 ●○○

Markiere die Dezimalbrüche auf dem Zahlenstrahl.

A: 0,1 B: 0,5 C: 0,8 D: 1,1

a) 

A: 9,21 B: 9,48 C: 9,95 D: 10,03

b) 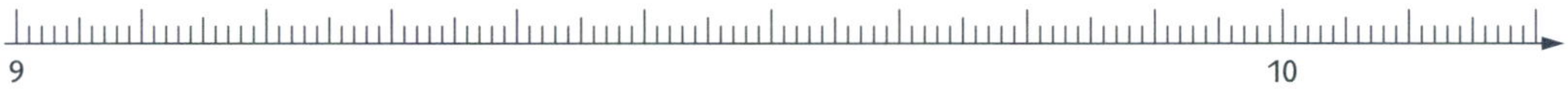

Aufgabe 14 ●●○

Markiere mithilfe eines Lineals die Dezimalbrüche.

A: 0,425 B: 0,448 C: 0,491 D: 0,505

a) 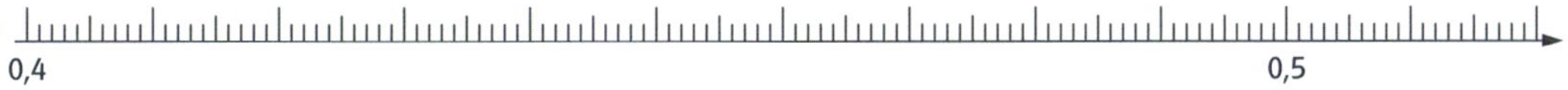

A: 2,152 B: 2,1545 C: 2,1588 D: 2,1609

b) 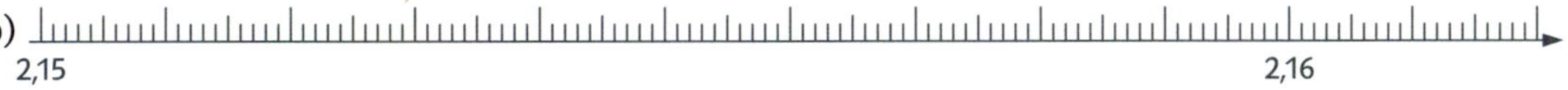

Aufgabe 15 ●○○

Nenne drei Dezimalbrüche, die …

a) zwischen 0,7 und 0,8 liegen.

b) zwischen 5,27 und 5,28 liegen.

Dezimalbrüche vergleichen und ordnen

Kompetenzcheck

Ich kann …	Aufgabe	Ergebnis
… Dezimalbrüche vergleichen.	**Aufgabe 1** Vergleiche die Dezimalbrüche. Setze das richtige Zeichen <, > oder = ein. a) 0,67 ☐ 0,76 b) 1,20 ☐ 1,02 c) 0,723 ☐ 0,732 d) 0,2 ☐ 0,20	→ S. 153
… Dezimalbrüche der Größe nach ordnen.	**Aufgabe 2** Ordne die Dezimalbrüche der Größe nach. Beginne mit der kleinsten Zahl. 0,25 0,72 2,52 0,07 0,2 2,25 0,02 _____ < _____ < _____ < _____ < _____ < _____ < _____	→ S. 153

Schritt-für-Schritt-Erklärung

Fachbegriffe

Auf der Zahlengeraden ist der Dezimalbruch **größer**, der weiter **rechts**, also in Pfeilrichtung liegt. Umgekehrt ist der Dezimalbruch **kleiner**, der auf der Zahlengeraden weiter **links** liegt.

Beispiel:

0,3 < 0,7

So gehst du vor

So kannst du Dezimalbrüche vergleichen:

Dezimalbrüche kannst du wie natürliche Zahlen vergleichen, indem du die Ziffern **stellenweise von links nach rechts** betrachtest. Dann ist derjenige Dezimalbruch größer, der an derselben Stelle zuerst eine größere Ziffer hat.

Beachte:
Stehen bei einem Dezimalbruch als letzte Stellen rechts nur Nullen (Endnullen), dann darfst du diese Nullen streichen; der Dezimalbruch ändert dadurch seinen Wert nicht.

Beispiele:

a) 3,02 ☐ 5,72	3 < 5, also 3,02 < 5,72
b) 0,513 ☐ 0,507	0,5 ist jeweils gleich, 1 > 0, also 0,513 > 0,507
c) 1,234 ☐ 1,3	1,... ist jeweils gleich, 2 < 3, also 1,234 < 1,3
d) 0,500 ☐ 0,5	Endnullen wegstreichen, also ist 0,500 = 0,5

So gehst du vor

So kannst du Dezimalbrüche geschickt der Größe nach ordnen:

Sortiere die Zahlen zuerst grob vor.
Sieh dir erst alle Zahlen an, die die gleiche Zahl vor dem Komma haben und vergleiche sie. Füge dann die Zahlen zusammen.

Beispiel: Ordne der Größe nach.

1,23   0,123 (1.)   0,321   1,023 (2.)   2,31

0,123 < 0,321 < 1,023 < 1,23 < 2,31

Übungsaufgaben

Aufgabe 16 ●○○

Vergleiche die beiden Dezimalbrüche. Setze <, > oder = ein.

a) 1 ___ 0,1 b) 0,3 ___ 0,5 c) 0,02 ___ 0,20

d) 2,3 ___ 2,300 e) 1,22 ___ 1,15 f) 0,52 ___ 0,25

g) 2,006 ___ 2,06 h) 3,40 ___ 3,4 i) 0,8 ___ 0,81

Aufgabe 17 ●○○

Vergleiche die beiden Dezimalbrüche. Setze <, > oder = ein.

a) 0,3 ___ 0,03 b) 4,567 ___ 4,657 c) 0,720 ___ 0,7201

d) 0,002 ___ 0,020 e) 1,32 ___ 1,320 f) 3,4509 ___ 3,451

g) 0,456 ___ 0,546 h) 1,643 ___ 1,6043 i) 0,201 ___ 0,2001

Aufgabe 18 ●●○

Fülle die Lücken mit den gegebenen Zahlen.

a) ______ ist größer als 0,75 und kleiner als 0,99.

b) ______ ist kleiner als 0,1.

c) ______ ist um 0,1 größer als 0,5.

d) ______ ist das Gleiche wie ______.

e) ______ ist fünf Hundertstel größer als 0,7.

f) ______ plus ______ ist 1.

0,97 0,4 0,75 0,3 0,04 0,40 0,7 0,6

Aufgabe 19 ●○○

Markiere alle Zahlen, die größer als 0,7 sind.

0,07 1,07 0,59 0,70 0,09 0,701 0,8 0,970

Aufgabe 20 ●●○

Markiere alle Zahlen, die größer als 0,45 sind.

Aufgabe 21 ●○○

Ordne die Dezimalbrüche der Größe nach. Beginne mit der kleinsten Zahl.

a) 0,3245 3,245 3,024 0,3254 0,45 2,043 2,5 0,052

b) 0,12670 2,167 2,071 0,106 0,7 1,267 1,027 1,76

Aufgabe 22 ●○○

Bringe die 100-m-Läufer in die richtige Reihenfolge.

Name	Kim Collins	Francis Obikwelu	Justin Gatlin	Asafa Powell	Shawn Crawford	Obadele Thompson	Maurice Green
Zeit	10,00 s	9,86 s	9,85 s	9,94 s	9,89 s	10,10 s	9,87 s
Platz							

Aufgabe 23 ●●○

Setze für ☐ eine passende Ziffer ein.

a) 1,08 > ☐,08 b) 32,75 < 3☐,75 c) 0,708 < 0,70☐ d) 0,555 > 0,5☐5

Aufgabe 24 ●○○

Ordne die Glieder des Wurms der Größe nach. Beginne mit der kleinsten Zahl. Du erhältst seinen Namen als Lösungswort.

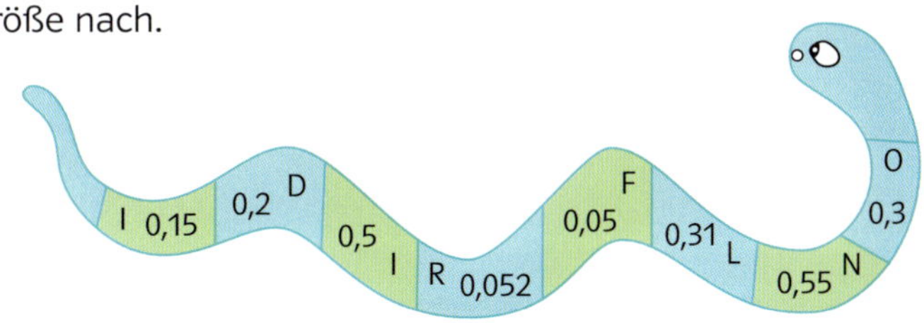

Dezimalbrüche runden und Dezimalbrüche bei Größen

Kompetenzcheck

Ich kann …	Aufgabe	Ergebnis
… Größenangaben mit und ohne Komma schreiben.	**Aufgabe 1** a) Schreibe 15,2 cm in der nächstgrößeren Einheit. __________ b) Schreibe 0,52 g in der nächstkleineren Einheit. __________ c) Schreibe 2,7 t ohne Komma. __________	☺ 😐 ☹ → S. 153
… Dezimalbrüche bei Angabe der Rundungsstelle runden.	**Aufgabe 2** Runde den Dezimalbruch auf die angegebene Stelle. a) Hundertstel: 0,70567 ≈ __________ b) Zehntel: 1,2304 ≈ __________ c) drei Stellen nach dem Komma: 2,9807 ≈ __________	☺ 😐 ☹ → S. 153
… Aussagen über die Genauigkeit von gerundeten Dezimalbrüchen machen.	**Aufgabe 3** a) Wie heißt die größte Zahl mit drei Nachkommastellen, die auf Hundertstel gerundet 1,23 ergibt? __________ b) Wie heißt die kleinste Zahl, die auf eine Stelle nach dem Komma gerundet 0,5 ergibt? __________	☺ 😐 ☹ → S. 153

Schritt-für-Schritt-Erklärung

Fachbegriffe

Im Alltag tauchen Dezimalbrüche häufig als Maßzahlen von Größen auf.

Beispiele: 2,04 m = 2 m 0 dm 4 cm
15,3 t = 15 t 300 kg

Beim Umwandeln von einer Einheit zur nächsten gelten folgende Umrechnungszahlen:

- bei Längen (m, dm, cm, mm) : 10
- bei Gewichten (t, kg, g, mg) : 1000
- bei Geld (€, ct) : 100

Achtung: 1 km = 1000 m

So gehst du vor

So kannst du Größen in anderen Einheiten angeben:

Sollst du eine Größe mit einer **nächstgrößeren Einheit** schreiben, dann musst du das Komma (entsprechend der Umrechnungszahl) **nach links verschieben**. Musst du eine Größe mit einer **nächstkleineren Einheit** schreiben, dann musst du das **Komma nach rechts verschieben**.

Eine Null bei der Umrechnungszahl bedeutet eine Stelle, drei Nullen bedeuten drei Stellen.

Beispiele:

a) Gib 12,3 mm in der nächstgrößeren Einheit an.
Länge, also Komma eine Stelle nach links 12,3 mm = 1,23 cm

b) Gib 0,012 kg in der nächstkleineren Einheit an.
Gewicht, also Komma drei Stellen nach rechts 0,012 kg = 12 g

Beispiele

So kannst du Dezimalbrüche runden:

1. Markiere die Rundungsstelle.
2. Betrachte die Ziffer rechts von der Rundungsstelle:
   - Ist die Ziffer **rechts** von der Rundungsstelle **kleiner als 5** (0; 1; 2; 3; 4), dann musst du **abrunden**. Das heißt, die Rundungsstelle bleibt gleich und alle Ziffern rechts davon werden 0.
   - Ist die Ziffer rechts von der Rundungsstelle **größer oder gleich 5** (5; 6; 7; 8; 9), musst du **aufrunden**. Das bedeutet, dass die Ziffer an der Rundungsstelle um 1 größer wird. Alle Ziffern rechts davon werden 0.

Beispiele:

a) Runde 0,2951 auf 3 Stellen nach dem Komma.
0,2951 ≈ 0,2950 = 0,295
abrunden

b) Runde 0,2951 auf Zehntel.
0,2951 ≈ 0,3000 = 0,3
aufrunden

c) Runde 0,2951 auf Hundertstel.
0,2951 ≈ 0,3000 = 0,30
aufrunden
Diese Null musst du stehen lassen, damit man erkennt, dass auf Hundertstel (2 Stellen nach dem Komma) gerundet wurde.

Ist die Rundungsstelle eine 9, wird daraus eine 0 und die Stelle links davon um 1 größer.

Endnullen nach der Rundungsstelle kannst du weglassen.

Lücken füllst du mit Nullen auf.

Übungsaufgaben

Aufgabe 25 ●○○

Schreibe in der nächstgrößeren Einheit.

a) 20 cm = ________ dm b) 15 mm = ________ cm c) 123 m = ________ km

d) 1267 g = ________ kg e) 35 mg = ________ g f) 53,6 kg = ________ t

g) 199 ct = ________ € h) 75 ct = ________ € i) 2 ct = ________ €

Aufgabe 26 ●○○

Schreibe in der nächstkleineren Einheit.

a) 0,69 € = ________ ct b) 12,05 € = ________ ct c) 0,1 € = ________ ct

d) 2,1 dm = ________ cm e) 0,03 m = ________ dm f) 25 cm = ________ mm

g) 0,021 t = ________ kg h) 2,08 kg = ________ g i) 15,01 g = ________ mg

Aufgabe 27 ●○○

Runde die Dezimalbrüche auf Einer.

a) 2,603 b) 1,034 c) 0,93 d) 0,497

Aufgabe 28 ●○○

Runde die Dezimalbrüche auf eine Stelle nach dem Komma.

a) 2,34 b) 0,493 c) 1,7801 d) 0,98

Aufgabe 29 ●○○

Runde die Dezimalbrüche auf Hundertstel.

a) 1,641 b) 0,1267 c) 17,138 d) 0,0954

Aufgabe 30 ●○○

Runde die Dezimalbrüche auf Tausendstel.

a) 1,2269 b) 0,02399 c) 15,1101 d) 0,6752

Aufgabe 31 ●●○

a) Runde auf €: 0,98 €; 2,13 €; 1,05 €

b) Runde auf cm: 2,8 cm; 1,543 m; 17,09 dm

Aufgabe 32 ●○○

Runde auf die angegebene Stelle.

	auf Einer	auf 1 Nachkommastelle	auf 2 Nachkommastellen
3,456			
1,501			
0,007			
0,642			

Aufgabe 33 ●●○

Welche Zahlen wurden richtig gerundet? Kreuze an.

a) Die Zahl ergibt auf Hundertstel gerundet 0,07.

☐ 0,0749 ☐ 0,065 ☐ 0,0751 ☐ 0,07399

b) Die Zahl ergibt auf eine Stelle nach dem Komma gerundet 1,1.

☐ 1,2101 ☐ 1,149 ☐ 1,05 ☐ 1,091

Aufgabe 34 ●●○

Gib jeweils die kleinste und größte Zahl mit vier Nachkommastellen an, die gerundet zur angegebenen Zahl passt.

a) 1,2 = ____________ ; ____________

b) 2,50 = ____________ ; ____________

c) 0,300 = ____________ ; ____________

Abschlusskompetenzcheck

Ich kann … ✓

1 **… einen Dezimalbruch in einen Bruch umwandeln.**
Schreibe als vollständig gekürzten Bruch.

a) 0,71 = ____ b) 0,002 = ____ c) 0,4 = ____

d) 0,08 = ____ e) 1,13 = ____

2 **… einen Bruch in einen Dezimalbruch umwandeln.**
Schreibe als Dezimalbruch.

a) $\frac{23}{100}$ = ____________

b) $\frac{141}{10}$ = ____________

c) $\frac{7}{1000}$ = ____________

d) $\frac{13}{25}$ = ____________

3 **… Zahlen Dezimalbrüche an der Zahlengeraden ablesen.**
Gib die markierten Dezimalbrüche an.

a) 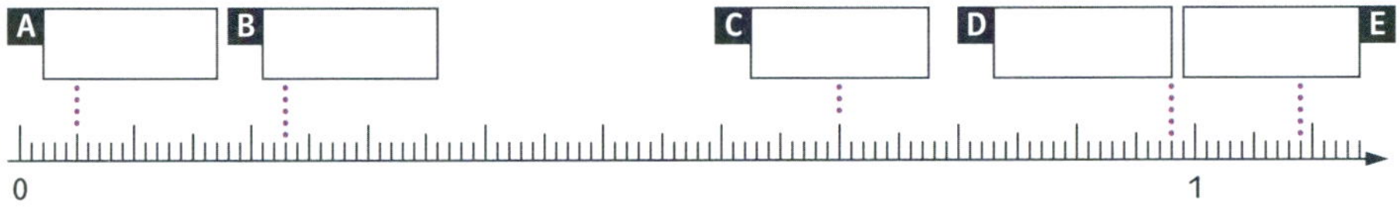

b) 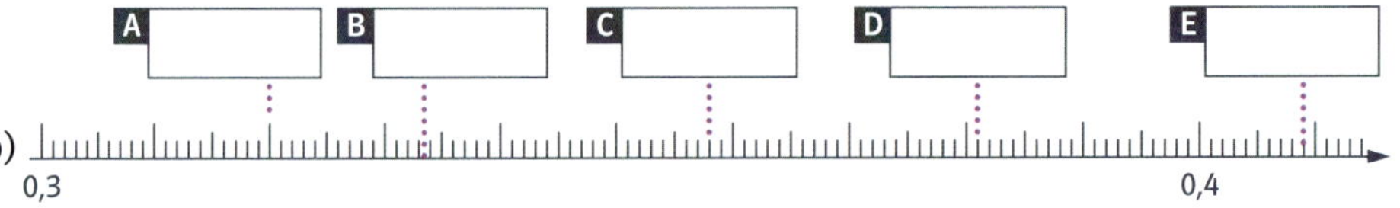

4 **… Dezimalbrüche auf der Zahlengeraden markieren.**
Welche Zahlen sind richtig markiert? Kreuze an.

a) 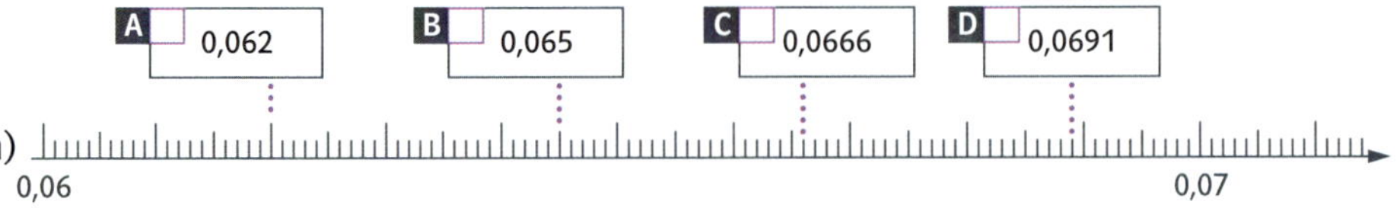

b) 

Ich kann ... ☑

5 **... Dezimalbrüche vergleichen.**
Vergleiche die Dezimalbrüche. Setze <, > oder = ein.

a) 2 □ 0,2 b) 0,23 □ 0,32 c) 0,420 □ 0,4020

d) 1,101 □ 1,011 e) 0,05 □ 0,050 f) 1,202 □ 1,2002

6 **... Dezimalbrüche der Größe nach ordnen.**
Ordne die Dezimalbrüche der Größe nach. Beginne mit der kleinsten Zahl.

0,2034 0,043 1,0234 0,423 0,2304 0,4032

________ < ________ < ________ < ________ < ________ < ________

7 **... Größenangaben mit und ohne Komma schreiben.**

a) Schreibe in der nächstgrößeren Einheit.

12,34 mm = ________ cm; 876 g = ________ kg

b) Schreibe in der nächstkleineren Einheit.

0,51 m = ________ dm; 0,12 kg = ________ g

8 **... Dezimalbrüche runden.**
Runde jeweils auf die angegebene Stelle.

	0,7915	2,4688	0,05981
auf Ganze			
auf eine Nachkommastelle			
auf zwei Nachkommastellen			
auf drei Nachkommastellen			

4 Rechnen mit Dezimalbrüchen

Addieren

Kompetenzcheck

Ich kann …	Aufgabe	Ergebnis
… Dezimalbrüche im Kopf addieren.	**Aufgabe 1** Berechne im Kopf. a) 2,8 + 5 = ________ b) 0,6 + 0,4 = ________ c) 1,3 + 0,9 = ________	→ S. 161
… Dezimalbrüche schriftlich addieren.	**Aufgabe 2** Berechne. a) 1 2,3 4 5 + 9,8 7 b) 1 0 2,8 7 + 1 9,7 5 3	→ S. 161
… zur Kontrolle eine Überschlagsrechnung machen.	**Aufgabe 3** Gib zu jeder Rechnung eine Überschlagsrechnung an. a) 25,754 + 9,32 Überschlag: ____________ b) 0,247 + 1,858 Überschlag: ____________	→ S. 161

Schritt-für-Schritt-Erklärung

So gehst du vor

So kannst du einen Dezimalbruch und eine natürliche Zahl addieren:

1. Zerlege den Dezimalbruch in Ganze und gebrochene Zahlen, also die **Zahl vor dem Komma** und die **Zahl nach dem Komma**.
2. Addiere die Zahl vor dem Komma und die natürliche Zahl.
3. Schreibe hinter das Ergebnis ein Komma und die gebrochene Zahl.

Beispiele:
Berechne.
a) 1,8 + 5
   1,8 = 1 + 0,8
   Rechne: 1 + 5 = 6
   Ergebnis: 6,8
b) 11 + 0,75
   Rechne: 11 + 0 = 11
   Ergebnis: 11,75
c) 123 + 45,67
   Rechne: 123 + 45 = 168
   Ergebnis: 168,67

Denke daran: Beim Addieren darfst du die Zahlen vertauschen.

So gehst du vor

So kannst du Dezimalbrüche im Kopf addieren:

1. Zerlege die Dezimalbrüche wieder in die **Zahl vor dem Komma** und die **Zahl nach dem Komma**.
2. Addiere die Ganzen (also die Zahlen vor dem Komma) und die Dezimalen (die Zahlen nach dem Komma).
3. Füge die Ergebnisse zusammen.

Beispiel:
Berechne 8,4 + 7,3.

vor dem Komma: 8 + 7 = 15
nach dem Komma: 4 + 3 = 7

Ergebnis: 15,7

Das musst du beim Addieren von Dezimalen beachten:

0,2 + 0,3 = 0,5	Rechne: 2 + 3 = 5 (Zehntel)
0,5 + 0,8 = 1,3	Rechne: 5 + 8 = 13 (Zehntel)
0,55 + 0,63 = 1,18	Rechne: 55 + 63 = 118 Komma 2 Stellen von rechts

Das Gleiche gilt auch für Hundertstel. Dann musst du das Komma 2 Stellen von rechts setzen.

Wenn du **Zehntel** addierst, erhältst du wieder Zehntel. Dabei kann die Zahl größer als 10 sein. Dann musst du **eine Stelle von rechts** auch das **Komma** setzen.

Schritt-für-Schritt-Erklärung

So gehst du vor

So kannst du Dezimalbrüche schriftlich addieren:

1. Schreibe die Zahlen so **stellengerecht** untereinander, dass **Komma unter Komma** steht. Lücken kannst du mit Nullen auffüllen.
2. Addiere dann wie gewohnt stellenweise **von rechts nach links**.
3. Du kannst dein Ergebnis mit einer **Überschlagsrechnung** kontrollieren. **Runde** dabei in der Regel auf **Ganze**.

Beispiel:
Berechne 6,4 + 24,75.

		0	6,	4	0
	+	$_1$2	$_1$4,	7	5
		3	1,	1	5

Das geht wie beim Addieren von natürlichen Zahlen.

Überschlag: 6 + 25 = 31 ✓

Übungsaufgaben

Aufgabe 1 ●○○
Berechne im Kopf.

a) 2 + 0,8 = ______ b) 0,75 + 4 = ______
c) 5 + 0,825 = ______ d) 1 + 2,3 = ______
e) 8 + 1,23 = ______ f) 72 + 1,267 = ______

Aufgabe 2 ●○○
Berechne im Kopf.

a) 0,4 + 0,5 = ______ b) 4,2 + 6,5 = ______
c) 2,7 + 7,1 = ______ d) 0,12 + 0,25 = ______
e) 1,25 + 3,45 = ______ f) 12,4 + 6,6 = ______

Aufgabe 3 ●○○
Berechne im Kopf.

a) 0,6 + 0,7 = ______ b) 0,15 + 0,3 = ______
c) 2,8 + 1,2 = ______ d) 5,63 + 21,27 = ______
e) 0,4 + 0,69 = ______ f) 10,1 + 9,99 = ______

Aufgabe 4 ●○○
Hier wird immer die gleiche Zahl addiert. Wie geht es weiter? Ergänze die nächsten fünf Zahlen.

a) 0,4 0,8 ______ ______ ______ ______ ______
b) 2,3 2,9 ______ ______ ______ ______ ______
c) 1,5 3,0 ______ ______ ______ ______ ______
d) 1,2 2,4 ______ ______ ______ ______ ______
e) 1,25 2,5 ______ ______ ______ ______ ______

Übungsaufgaben

Aufgabe 5 ●●○

Ergänze die fehlenden Zahlen.

a) 0,6 + ___ = 1

b) 3,2 + ___ = 4

c) 8 + ___ = 12,7

d) 1,7 + ___ = 3,5

e) 9,3 + ___ = 11,2

f) ___ + 5,2 = 10,1

Aufgabe 6 ●○○

Gib zu diesen Rechnungen eine Überschlagsrechnung an.

a) 432,1 + 19,87

Überschlag: ____________________

b) 246,135 + 58,97

Überschlag: ____________________

c) 263,15 + 102,876 + 59,81

Überschlag: ____________________

d) 3,75 + 14,1 + 25,731

Überschlag: ____________________

Aufgabe 7 ●○○

Berechne schriftlich.

a)

	4	3	2,	1	
+		1	9,	8	7

b)

	2	4	6,	1	3	5
+		5	8,	8	7	

c)

	2	6	3,	1	5	
+	1	0	2,	8	7	6
+		5	9,	8	1	

d)

		3,	7	5	
+	1	4,	1		
+	2	5,	7	3	1

Aufgabe 8 ●○○

Berechne schriftlich. Überprüfe dein Ergebnis mit einer Überschlagsrechnung.

a) 12,67 + 52,72
b) 112,93 + 11,2
c) 971,943 + 164,1
d) 25,754 + 4,8 + 9,32
e) 0,247 + 13,8 + 1,843
f) 25,731 + 6,46 + 14,1

Aufgabe 9 ●●○

Im Wintersport besteht ein Bobwettbewerb aus vier Durchgängen. Hier sind die Ergebnisse der ersten fünf Mannschaften im Viererbob aufgelistet.

	Lauf 1	Lauf 2	Lauf 3	Lauf 4	gesamt	Platz
Deutschland 1	51,14 s	51,05 s	51,29 s	51,36 s		
Deutschland 2	51,14 s	51,36 s	51,45 s	51,63 s		
Kanada 1	51,12 s	51,03 s	51,24 s	51,46 s		
Kanada 2	51,24 s	51,29 s	51,50 s	51,54 s		
USA 1	50,89 s	50,86 s	51,19 s	51,52 s		

a) Berechne die Gesamtzeit der Mannschaften.
b) Gib an, welchen Platz die Mannschaften am Ende belegt haben.
c) Um wie viel Sekunden war der Sieger schneller als der Zweitplatzierte?

Aufgabe 10 ●●●

Hier wurde falsch gerechnet. Markiere die Fehler und erkläre. Berechne dann richtig.

a)

2,	2	+	5,	8	=	7,	1	0

b)

	1,	3	5
+		₁3,	9
	1,	7	4

Subtrahieren

Kompetenzcheck

Ich kann …	Aufgabe	Ergebnis
… Dezimalbrüche im Kopf subtrahieren.	**Aufgabe 1** Berechne im Kopf. a) 5,8 − 3 = ________ b) 1,9 − 0,6 = ________ c) 3,2 − 1,7 = ________	→ S. 161
… Dezimalbrüche schriftlich subtrahieren.	**Aufgabe 2** Berechne. a) 12,345 − 9,87 ________ b) 102,87 − 19,753 ________	→ S. 161
… zur Kontrolle eine Überschlagsrechnung machen.	**Aufgabe 3** Gib zu jeder Rechnung eine Überschlagsrechnung an. a) 48,791 − 9,32 Überschlag: ________ b) 12,98 − 7,123 Überschlag: ________	→ S. 161

Schritt-für-Schritt-Erklärung

So gehst du vor

So kannst du eine natürliche Zahl von einem Dezimalbruch subtrahieren:

1. Zerlege den Dezimalbruch in Ganze und eine gebrochene Zahl.
2. Subtrahiere die natürliche Zahl von der Zahl vor dem Komma.
3. Schreibe hinter das Ergebnis ein Komma und die gebrochene Zahl.

Beispiele:

Berechne $\underbrace{7{,}8}_{7 + 0{,}8} - 5$.

Rechne: 7 − 5 = 2

Ergebnis: 2,8

So gehst du vor

So kannst du Dezimalbrüche im Kopf subtrahieren:

1. Zerlege den Subtrahenden (die zweite Zahl) in Ganze und eine gebrochene Zahl.
2. Subtrahiere die ganze Zahl vom Dezimalbruch.
3. Subtrahiere nun die gebrochene Zahl vom Dezimalbruch. Dabei kannst du die gebrochene Zahl noch einmal so zerlegen, dass du geschickt rechnen kannst.

Berechne $12{,}3 - \underbrace{4{,}5}_{4 + 0{,}5}$.

Rechne zuerst: 12,3 − 4 = 8,3

Rechne dann: $8{,}3 - \overbrace{0{,}5}$

$= \underbrace{8{,}3 - 0{,}3}_{8} - 0{,}2$

$= \underbrace{8 \quad - 0{,}2}$

$= 7{,}8$

So gehst du vor

So kannst du Dezimalbrüche schriftlich subtrahieren:

1. Schreibe die Zahlen so stellengerecht untereinander, dass **Komma unter Komma** steht. Lücken kannst du mit **Nullen** auffüllen.
2. Subtrahiere dann stellenweise **von rechts nach links**.
3. Du kannst dein Ergebnis mit einer Überschlagsrechnung kontrollieren. **Runde** dabei in der Regel **auf Ganze**.

Berechne 24,75 − 6,8.

Das geht wie beim Subtrahieren von natürlichen Zahlen.

	2	4,	7	5
−	₁	₁6,	8	0
	1	7,	9	5

Überschlag: 25 − 7 = 18 ✓

So gehst du vor

So kannst du fehlende Zahlen berechnen:

Addieren (⊕) und Subtrahieren (⊖) sind **entgegengesetzte Rechenarten**, d.h. Addieren einer Zahl kann durch Subtrahieren der gleichen Zahl rückgängig gemacht werden.
Fehlende Zahlen kannst du durch **Umkehrrechnen** und evtl. Vertauschen bestimmen.

Berechne die fehlende Zahl.

□ ⊕ 1,2 = 4,1

umkehren

4,1 ⊖ 1,2 = □

also □ = 2,9

Tipp: Forme so um, dass die gesuchte Zahl die erste Zahl ist.

Übungsaufgaben

Aufgabe 11 ●○○
Berechne im Kopf.

a) 6,7 – 5
b) 23,9 – 11
c) 1,12 – 1
d) 25,324 – 15
e) 45,678 – 19
f) 35,25 – 35

Aufgabe 12 ●○○
Berechne im Kopf.

a) 7,2 – 6,1
b) 5,8 – 1,3
c) 30,9 – 25,4
d) 8,50 – 6,25
e) 6,0 – 4,5
f) 9,75 – 2,68

Aufgabe 13 ●○○
Berechne im Kopf.

a) 14,7 – 6,7
b) 1,8 – 0,9
c) 23,4 – 5,6
d) 10,1 – 7,4
e) 10 – 9,99
f) 7,2 – 6,4

Aufgabe 14 ●○○
Hier wird immer die gleiche Zahl subtrahiert. Wie geht es weiter? Ergänze die nächsten Zahlen.

21,8	19,8					
10,5	10,0					
9,6	9,2					
13,5	12,3					
1,50	1,35					

Aufgabe 15 ●●○
Ergänze die fehlenden Zahlen.

a) ☐ + 4,7 = 9,4
b) ☐ + 6,8 = 10,4
c) 9,4 – ☐ = 4,9
d) ☐ + 3,6 = 6,3
e) 3,4 + ☐ = 8,8
f) ☐ – 2,3 = 5,9
g) 12,8 + ☐ = 16,6
h) 0,79 – ☐ = 0,43
i) 0,54 – ☐ = 0,37

Aufgabe 16 ●○○

Gib zu folgenden Rechnungen eine Überschlagsrechnung an.

a) 87,65 − 43,21
Überschlag:

b) 64,2 − 35,71
Überschlag:

c) 527,21 − 126,7 − 11,1
Überschlag:

d) 95,223 − 10,37 − 7,9
Überschlag:

Aufgabe 17 ●○○

Berechne schriftlich:

a)

	8	7,	6	5
−	4	3,	2	1

b)

	5	2	7,	2	1
−	1	2	6,	7	
−		1	1,	1	

c)

	9	5,	2	2	3
−	1	0,	3	7	
−		7,	9		

Aufgabe 18 ●○○

Berechne schriftlich. Überprüfe deine Ergebnisse mit einer Überschlagsrechnung.

a) 97,54 − 80,36
b) 160,16 − 38,39
c) 41,968 − 3,69
d) 876,54 − 12,34 − 2,4
e) 65,656 − 3,23 − 10,9
f) 25,933 − 21,76 − 1,01

Aufgabe 19 ●●○

Ergänze die Lücken.

a)

	8	,	7	6
−	2	3,		2
		1,	1	

b)

	3,		7
−			3
	1,	9	

c)

		9		8
−	4,		2	
	2,	3	2	

Aufgabe 20 ●●○

Gegeben ist die Rechnung ☐☐,☐ − 0,☐.

Setze jeweils ein Kärtchen in die Lücken ein, so dass gilt:

6 3 5 4

a) Das Ergebnis ist möglichst groß.
b) Das Ergebnis ist möglichst klein.
c) Das Ergebnis ist 44,7.

Multiplizieren

Kompetenzcheck

Ich kann …	Aufgabe	Ergebnis
… Dezimalbrüche mit Stufenzahlen multiplizieren.	**Aufgabe 1** Berechne. a) 0,08 · 10 = b) 0,572 · 100 = c) 1,2345 · 1000 = d) 9,87 · 0,1 = e) 135,7 · 0,01 = f) 87,6 · 0,001 =	→ S. 162
… Dezimalbrüche im Kopf multiplizieren.	**Aufgabe 2** Berechne im Kopf. a) 0,2 · 6 = b) 0,4 · 11 = c) 1,2 · 8 = d) 0,5 · 0,3 = e) 1,2 · 1,2 = f) 1,5 · 0,2 =	→ S. 162
… Dezimalbrüche schriftlich multiplizieren.	**Aufgabe 3** Berechne schriftlich. Kontrolliere dein Ergebnis mit einer Überschlagsrechnung. a) 5 1,7 9 · 2,4 Überschlag: b) 5,4 3 · 2,0 4 Überschlag:	→ S. 162

Schritt-für-Schritt-Erklärung

So gehst du vor

So multiplizierst du Dezimalbrüche mit Stufenzahlen:

Bei der Multiplikation eines Dezimalbruches mit einer Stufenzahl musst du das Komma verschieben.

I. Multiplikation mit 10, 100, 1000, ...

Multiplizierst du mit einer Zehnerzahl, dann ist das Ergebnis (Produkt) größer als die Zahl. Verschiebe das Komma um die **Anzahl der Nullen nach rechts**.
Reicht die Anzahl der Ziffern nicht aus, so musst du **rechts** zusätzliche **Nullen** anhängen.

Beispiele:

6,456 · 10 = 64,56
6,456 · 100 = 645,6
6,456 · 1000 = 6456
6,456 · 10 000 = 64 560

II. Multiplikation mit 0,1; 0,01; 0,001; ...

Verschiebe das Komma um die **Anzahl der Nachkommastellen nach links**.
Reicht die Anzahl der Ziffern nicht aus, so musst du **links** zusätzliche **Nullen** anhängen.

123,4 · 0,1 = 12,34
123,4 · 0,01 = 1,234
123,4 · 0,001 = 0,1234
123,4 · 0,0001 = 0,01234

Das Verfahren geht immer, egal, ob du im Kopf rechnest oder schriftlich.

So gehst du vor

So multiplizierst du zwei Dezimalbrüche:

1. Multipliziere die Zahlen ohne Berücksichtigung des **Kommas**.
2. Zähle die Nachkommastellen der beiden Zahlen zusammen.
3. Setze das Komma so, dass das Ergebnis so viele Stellen nach dem Komma hat, wie beide Zahlen zusammen.
4. Kontrolliere dein Ergebnis mit einer Überschlagsrechnung.

Beispiele:

a) Berechne 4,83 · 0,912.
5 Nachkommastellen
Rechne:

4	8	3	·	9	1	2
	4	3	4	7		
			4	8	3	
		1	2	9	6	6
	4	4	0	4	9	6

5 4 3 2 1

Ergebnis: 4,40496
Überschlag: 5 · 1 = 5

b) Berechne im Kopf.
1,2 · 0,3
Rechne: 12 · 3 = 36
2 1
Ergebnis: 0,36
2 Nachkommastellen

Übungsaufgaben

Aufgabe 21 ●○○
Berechne im Kopf.

a) 35,64 · 10
b) 0,414 · 100
c) 4,85 · 1000
d) 2,3 · 10
e) 0,25 · 100
f) 0,054845 · 10 000

Aufgabe 22 ●○○
Berechne im Kopf.

a) 56,7 · 0,1
b) 9,8 · 0,01
c) 9 876,5 · 0,001
d) 0,5 · 0,1
e) 112,93 · 0,01
f) 27,6 · 0,001

Aufgabe 23 ●○○
Berechne im Kopf.

a)

·	10	100	1000	10 000
0,5				
1,234				
0,0654				

b)

·	0,1	0,01	0,001
543,2			
27,67			
9,743			

Aufgabe 24 ●○○
Jeweils zwei Rechnungen haben den gleichen Wert. Welche?

0,52 · 10 | 0,52 · 0,1 | 0,052 · 1000

52 · 0,01 | 5,2 · 0,1 | 520 · 0,01

Aufgabe 25 ●●○

Welche Rechnungen musst du hier durchführen? Setze für ☐ die passende Zahl ein.

a) 0,63 · ☐ = 630 b) 1,7 · ☐ = 0,017 c) ☐ · 0,01 = 0,072

d) 0,646 · ☐ = 6460 e) 0,45 · ☐ = 0,0045 f) ☐ · 100 = 8,09

Aufgabe 26 ●○○

Berechne im Kopf.

a) 0,3 · 5 b) 0,12 · 7 c) 2,1 · 6 d) 0,015 · 4
e) 0,23 · 5 f) 0,2 · 4 g) 1,6 · 5 h) 0,09 · 3

Aufgabe 27 ●○○

Berechne im Kopf.

a) 0,8 · 0,1 b) 1,1 · 0,9 c) 0,8 · 0,7 d) 0,12 · 0,3
e) 0,2 · 1,5 f) 1,3 · 0,8 g) 0,4 · 0,5 h) 0,35 · 0,2

Aufgabe 28 ●○○

Multipliziere die Zahlen jeder Zeile und Spalte.

a)

2	0,5	
0,2	1,2	

b)

0,8	1,3	
2,1	0,4	

Aufgabe 29 ●○○

Berechne schriftlich. Überprüfe dein Ergebnis durch eine Überschlagsrechnung.

a) 2,563 · 4,01 b) 61,91 · 2,23 c) 1,24 · 0,79
d) 5,9 · 39,82 e) 10,42 · 0,5 f) 15,9 · 0,48

Aufgabe 30 ●●○

Setze das Komma bei der markierten Zahl so, dass das Ergebnis stimmt.

a) 52,731 · 1,32 = **6960492** b) 0,13 · **93124** = 1210,612
c) **802** · 66,39 = 532,4478 d) 72,71 · **9301** = 6762,7571

Übungsaufgaben

Aufgabe 31 ●●○

Finde ohne schriftliche Rechnung das richtige Ergebnis.

a) $9{,}63 \cdot 4{,}2$
b) $31{,}57 \cdot 0{,}14$
c) $39{,}6 \cdot 8{,}42$
d) $5{,}2 \cdot 79{,}5$
e) $0{,}69 \cdot 544$

4,4198 | 375,36 | 333,432 | 413,40 | 40,446

Aufgabe 32 ●●○

Hier wurde falsch gerechnet. Erkläre die Fehler und korrigiere das Ergebnis.

a) $0{,}5 \cdot 0{,}3 = 0{,}015$
b) $7{,}1 \cdot 10 = 70{,}10$
c) $0{,}4 \cdot 0{,}5 = 2{,}0$
d) $0{,}003 \cdot 3 = 3{,}003$

Dividieren durch ganze Zahlen

Kompetenzcheck

Ich kann …	Aufgabe	Ergebnis
… Dezimalbrüche durch Stufenzahlen dividieren.	**Aufgabe 1** Berechne. a) 8,1 : 10 = ____________ b) 527,2 : 100 = ____________ c) 12,6 : 1000 = ____________ d) 0,112 : 0,1 = ____________ e) 1,234 : 0,01 = ____________ f) 45,67 : 0,001 = ____________	→ S. 162
… Dezimalbrüche durch ganze Zahlen dividieren.	**Aufgabe 2** a) Berechne im Kopf. 12,6 : 6 = __________ 9,6 : 3 = __________ 2,4 : 8 = __________ b) Berechne schriftlich. 1 2 , 3 2 : 7 = 8 , 4 2 4 : 1 2 =	→ S. 162

Schritt-für-Schritt-Erklärung

So gehst du vor

So dividierst du Dezimalbrüche durch Stufenzahlen:

Bei der Division eines Dezimalbruches durch eine Stufenzahl musst du das **Komma verschieben**.

I. Division durch 10, 100, 1000, . . .
Teilst du durch eine Zehnerzahl, so ist das Ergebnis (Quotient) kleiner als die Zahl. Verschiebe das Komma um die **Anzahl der Nullen nach links**.
Reicht die Anzahl der Ziffern nicht aus, musst du **links** zusätzliche **Nullen** anhängen.

Beispiele:
83,01 : 10 = 8,301
83,01 : 100 = 0,8301
83,01 : 1000 = 0,08301

II. Division durch 0,1; 0,01; 0,001; . . .
Verschiebe das Komma um die **Anzahl der Nachkommastellen nach rechts**.
Reicht die Anzahl der Ziffern nicht aus, so musst du **rechts** zusätzliche **Nullen** anhängen.

0,2468 : 0,1 = 2,468
0,2468 : 0,01 = 24,68
0,2468 : 0,001 = 246,8

So gehst du vor

So dividierst du einen Dezimalbruch durch eine ganze Zahl:

1. Dividiere so, wie du es von den ganzen Zahlen gewohnt bist.
2. Wenn in der Rechnung das Komma auftritt, dann setze beim Ergebnis auch ein Komma.

Kontrolliere dein Ergebnis mit einer Überschlagsrechnung!

Beispiel: Berechne 17,28 : 8.

1	7,	2	8	:	8	=	2,	1	6
1	6								
	1	2							
		8							
		4	8						
		4	8						
			0						

Überschlag: 16 : 8 = 2 ✓

Schritt-für-Schritt-Erklärung

Besonderheiten beim Dividieren durch eine ganze Zahl:

I. Die erste Zahl (Dividend) ist kleiner als die zweite Zahl (Divisor):

Dann erhältst du als Ergebnis eine Zahl, die kleiner als 1 ist. Also beginnt das Ergebnis mit 0,…

Beispiele:
Berechne 7,65 : 9.

7,	6	5	:	9	=	0,	8	5
0								
7	6							
7	2							
	4	5						
	4	5						
		0						

Überschlag: 8,1 : 9 = 0,9 ✓

II. Die Division geht nicht sofort auf.
Du kannst an jede Dezimalzahl rechts **Nullen** (sog. **Endnullen**) **anhängen**, ohne dass sich der Wert der Zahl ändert. Das macht man hier auch bei der Division.

Berechne 18,2 : 4.

1	8,	2	:	4	=	4,	5	5
1	6							
	2	2						
	2	0						
		2	0	Division geht nicht auf, 0 anhängen!				
		2	0					
			0					

Überschlag: 20 : 4 = 5 ✓

So gehst du vor

So kannst du geschickt im Kopf dividieren:

1. Lass das Komma für die Rechnung zunächst weg.
2. Dividiere die beiden ganzen Zahlen.
3. Setze im Ergebnis das Komma so, dass das Ergebnis gleiche viele Nachkommastellen wie die erste Zahl hat. Falls Ziffern fehlen, kannst du Nullen einfügen.

Beispiele:

a) Berechne im Kopf 6,5 : 5.
Rechne 65 : 5 = 13.
Das Ergebnis hat 1 Nachkommastelle, also 6,5 : 5 = 1,3.

b) Berechne im Kopf 2,8 : 7.
Rechne 28 : 7 = 4.
Das Ergebnis hat 1 Nachkommastelle, also 2,8 : 7 = 0,4.

Übungsaufgaben

Aufgabe 33 ●○○

Berechne im Kopf.

a) 42,605 : 10
b) 7,15 : 100
c) 541,2 : 1 000
d) 0,54 : 10
e) 48,5 : 100
f) 982,31 : 10 000

Aufgabe 34 ●○○

Berechne im Kopf.

a) 78,91 : 0,1
b) 0,126 : 0,01
c) 0,23 : 0,001
d) 2,34 : 0,1
e) 0,25 : 0,01
f) 0,0112 : 0,001

Aufgabe 35 ●○○

Berechne im Kopf.

a)

:	10	100	1000	10 000
123,4				
56,78				
9,08				

b)

:	0,1	0,01	0,001
23,45			
0,0321			
0,3			

Aufgabe 36 ●○○

Jeweils zwei Rechnungen haben den gleichen Wert. Welche?

0,079 : 0,001
0,79 : 0,1
7,9 : 0,1
0,79 : 10
79 : 1000
790 : 100
0,0079 : 0,001

Aufgabe 37 ●●○
Welche Rechnungen musst du hier durchführen? Setze für ▢ die passende Zahl ein.

a) 630 : ▢ = 0,63 b) 1,7 : ▢ = 0,017 c) ▢ : 100 = 0,068
d) 0,45 : ▢ = 0,0045 e) 0,646 : ▢ = 646 f) ▢ : 0,01 = 8,09

Aufgabe 38 ●○○
Berechne im Kopf.

a) 5,5 : 5 b) 12,9 : 3 c) 24,8 : 4 d) 18,6 : 6
e) 0,15 : 3 f) 5,6 : 8 g) 1,12 : 8 h) 0,81 : 9
i) 0,66 : 3 j) 4,9 : 7 k) 0,012 : 4 l) 0,077 : 11

Aufgabe 39 ●●○
Es ist 4260 : 5 = 852.
Gib damit die Ergebnisse der folgenden Aufgaben an. Erkläre, wie du vorgehen musst.

a) 426 : 5 b) 42,6 : 5 c) 4,26 : 5 d) 0,426 : 5
e) 4260 : 50 f) 426 : 50 g) 42,6 : 50 h) 4,26 : 50

Aufgabe 40 ●○○
Setze das Komma bei der markierten Zahl so, dass das Ergebnis stimmt.

a) 30,32 : 8 = **397** b) 412,5 : 3 = **1375**
c) **6828** : 12 = 0,569 d) **322** : 5 = 6,44
e) **110432** : 7 = 15,776 f) 649,8 : 9 = **722**

Aufgabe 41 ●○○
Berechne schriftlich.

a) 35,88 : 6 b) 49,623 : 7 c) 532,32 : 8 d) 3,52 : 5

Aufgabe 42 ●●○
Berechne schriftlich.

a) 42,6 : 15 b) 0,374 : 11 c) 910,65 : 50 d) 28,08 : 12

Dezimalbrüche dividieren

Kompetenzcheck

Ich kann …	Aufgabe	Ergebnis
… Dezimalbrüche im Kopf dividieren.	**Aufgabe 1** Berechne im Kopf. a) 1,2 : 6 = ______ b) 2,4 : 8 = ______ c) 6 : 0,3 = ______ d) 0,9 : 0,3 = ______ e) 1,2 : 0,4 = ______ f) 3 : 1,5 = ______	→ S. 163
… Dezimalbrüche schriftlich dividieren.	**Aufgabe 2** Berechne schriftlich. a) 8,28 : 0,3 = b) 46,75 : 2,5 =	→ S. 163

Schritt-für-Schritt-Erklärung

So gehst du vor

So dividierst du zwei Dezimalbrüche:

1. Verschiebe das Komma bei **beiden** Zahlen jeweils um so viele Stellen nach **rechts**, bis die **zweite Zahl** (der Divisor) eine **ganze Zahl** ist.
2. Dividiere dann den Dezimalbruch durch eine ganze Zahl.

Beispiele:

a) Berechne im Kopf 5,6 : 0,8.
Verschiebe das Komma um 1 Stelle nach rechts.
Rechne also 56 : 8 = 7.
Also gilt: 5,6 : 0,8 = 7.

b) Berechne 68,25 : 0,3.
Verschiebe das Komma um 1 Stelle nach rechts.
Rechne also 682,5 : 3.

c) Berechne 8,5 : 0,25.
Verschiebe das Komma um 2 Stellen nach rechts.
Rechne also 850 : 25 = 34.

8	5	0	:	2	5	=	3	4
7	5							
1	0	0						
1	0	0						
		0						

Also gilt: 8,5 : 0,25 = 34.

d) Berechne 12,34 : 0,8.
Verschiebe das Komma um 1 Stelle nach rechts.
Rechne also 123,4 : 8.

1	2	3,	4	0	0	:	8	=	1	5,	4	2	5
	8												
	4	3											
	4	0											
		3	4										
		3	2										
			2	0									
			1	6									
				4	0								
				4	0								
					0								

Setze beim Überschreiten des Kommas auch im Ergebnis ein Komma.

Hänge rechts Nullen an und rechne weiter.
Also gilt: 12,34 : 0,8 = 15,425.

Übungsaufgaben

Aufgabe 43 ●○○

Berechne im Kopf.

a) 1,5 : 0,3 b) 1,2 : 0,4 c) 5 : 0,1 d) 2 : 0,5
e) 3,2 : 0,8 f) 1 : 0,25 g) 0,6 : 0,05 h) 1,8 : 0,06

Aufgabe 44 ●○○

Berechne im Kopf.

:	0,5	0,05	0,35
3,5			
0,35			

:	0,4	0,04	1,6
4,8			
0,48			

Aufgabe 45 ●●○

Berechne im Kopf.

a) 0,064 —(:0,2)→ ☐ —(:0,2)→ ☐ —(:0,2)→ ☐

b) 14,4 —(:1,2)→ ☐ —(:1,2)→ ☐

Aufgabe 46 ●○○

Kreuze, ohne zu rechnen, das richtige Ergebnis an.

a) 22,8 : 4,56

☐ 0,05 ☐ 0,5 ☐ 5 ☐ 50 ☐ 500

b) 1,61 : 0,07

☐ 0,023 ☐ 0,23 ☐ 2,3 ☐ 23 ☐ 230

c) 18,45 : 1,5

☐ 0,0123 ☐ 0,123 ☐ 1,23 ☐ 12,3 ☐ 123

Aufgabe 47 ●●○

Berechne die fehlende Zahl.

Tipp: Umkehrrechnung!

a) $\square \cdot 0{,}5 = 7{,}5$ b) $1{,}2 \cdot \square = 13{,}2$

c) $\square \cdot 0{,}9 = 0{,}117$ d) $\square \cdot 0{,}08 = 13{,}6$

Aufgabe 48 ●○○

Berechne schriftlich.

a) 0,1893 : 0,03 b) 0,5229 : 0,9 c) 7,0161 : 0,7
d) 0,5436 : 0,06 e) 6,789 : 0,5 f) 17,484 : 1,2

Aufgabe 49 ●●○

Berechne schriftlich.

a) 24,684 : 1,1 b) 0,5229 : 0,9 c) 1,357 : 0,2
d) 0,2413 : 0,025

Aufgabe 50 ●●○

Finde das richtige Ergebnis.

a) 24,99 : 7
b) 4,344 : 0,8
c) 0,3681 : 0,09
d) 3,927 : 0,11
e) 0,5535 : 1,5

Abschlusskompetenzcheck

Ich kann … ☑

1 … Dezimalbrüche addieren.

a) Berechne im Kopf.

2,2 + 4,5 = ________ 1,6 + 5,5 = ________ 7,5 + 0,58 = ________

b) Berechne schriftlich. Überprüfe das Ergebnis mit einer Überschlagsrechnung.

	2	1,	5	7	8
+		9,	7	1	
+		3,	1	4	7

Überschlag:

		3,	5	4	8
+	2	0,	1	7	9
+		9,	7	1	

Überschlag:

2 … Dezimalbrüche subtrahieren.

a) Berechne im Kopf.

3,4 − 1,3 = ________ 8,3 − 2,7 = ________ 1,37 − 0,73 = ________

b) Berechne schriftlich. Überprüfe das Ergebnis mit einer Überschlagsrechnung.

	1	8,	7	6	5
−		4,	3	8	

Überschlag:

	5	2,	7	2	1
−	1	2,	6	7	
−		1,	1		

Überschlag:

3 … Dezimalbrüche mit Stufenzahlen multiplizieren und dividieren.
Jeweils zwei Rechnungen haben den gleichen Wert. Welche?

0,24 · 10

0,0024 : 0,1

2,4 · 10

0,24 : 0,1

24 : 100

2,4 : 0,001

0,24 · 0,1

24 : 1000

	Ich kann ...	✓
4	**... Dezimalbrüche multiplizieren.**	

a) Berechne im Kopf.

0,7 · 8 = ________ 1,2 · 0,3 = ________ 0,25 · 0,3 = ________

b) Berechne schriftlich.

1	2,	3	4	5	·	6,	3

5,	4	3	·	2,	1

5	**... Dezimalbrüche dividieren.**	

a) Berechne im Kopf.

12,8 : 4 = ________ 0,35 : 0,7 = ________ 8,48 : 8 = ________

b) Berechne schriftlich.

3,	2	1	:	6	=				

0,	9	8	7	6	:	0,	0	8	=			

6	**... mit Dezimalbrüchen rechnen.**	

Ordne das richtige Ergebnis zu.

(0,525) (5,1) (4,35) (54,3) (0,473) (0,485)

a) 1,75 + 3,35 b) 6,2 − 1,85 c) 0,3 · 1,75
d) 0,6149 : 1,3 e) 9,7 · 0,05 f) 4,344 : 0,08

1 Brüche

Kompetenzcheck
Brüche sind Anteile

Aufgabe 1

a) $\frac{2}{5}$ b) $\frac{7}{12}$ c) $\frac{8}{15}$ d) $\frac{1}{6}$ e) $\frac{3}{9}$ $\left(\text{oder } \frac{1}{3}\right)$

Aufgabe 2

a)
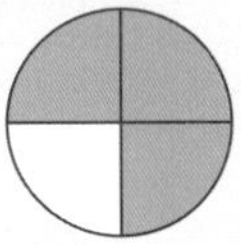
$\frac{3}{4}$

b)
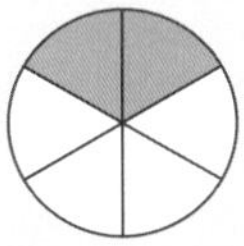
$\frac{1}{3}$

2 Teile müssen markiert sein.

c)
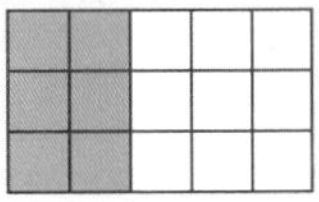
$\frac{2}{5}$

6 Kästchen müssen markiert sein.

d)

$\frac{5}{8}$ Teile die Strecke (den Strich) in 8 gleich große Abschnitte und markiere 5 davon.

Kompetenzcheck
Gemischte Zahlen, Bruchteile von Größen

Aufgabe 1

a) $2\frac{1}{2}$ b) $2\frac{1}{3}$ c) $2\frac{1}{5}$ d) $5\frac{3}{10}$

Aufgabe 2

a) $\frac{21}{8}$ b) $\frac{11}{7}$ c) $\frac{17}{3}$

Aufgabe 3

a) 250 m b) 700 g c) 375 kg d) 6 mm

Kompetenzcheck
Erweitern von Brüchen

Aufgabe 1

a) $\frac{3}{8} = \frac{3 \cdot 4}{8 \cdot 4} = \frac{12}{32}$

b)

$\frac{2}{5} = \frac{2 \cdot 3}{5 \cdot 3} = \frac{6}{15}$

Aufgabe 2

a) Erweiterungszahl: 3 b) Erweiterungszahl: 7 c) Erweiterungszahl: 4

Aufgabe 3

a) $\frac{2}{5} = \frac{2 \cdot 4}{5 \cdot 4} = \frac{8}{20}$ b) $\frac{7}{20} = \frac{7 \cdot 5}{20 \cdot 5} = \frac{35}{100}$ c) $\frac{2}{3} = \frac{2 \cdot 20}{3 \cdot 20} = \frac{40}{60}$

Aufgabe 4

☐ $\frac{1}{6}$ ☒ $\frac{6}{9}$ ☐ $\frac{6}{4}$ ☒ $\frac{10}{15}$ ☒ $\frac{20}{30}$

Kompetenzcheck Kürzen von Brüchen

Aufgabe 1

a) $\frac{12:3}{18:3} = \frac{4}{6}$

b)

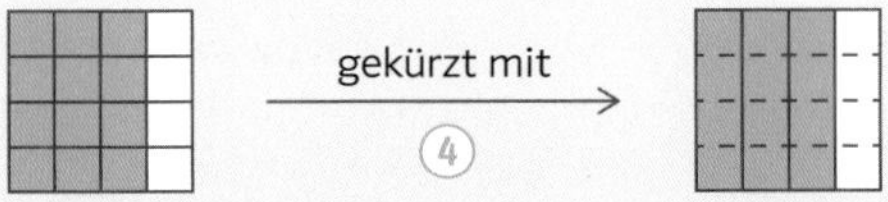

$\frac{12}{16} = \frac{3}{4}$

Aufgabe 2

a) Kürzungszahl: 5 b) Kürzungszahl: 4 c) Kürzungszahl: 7

Aufgabe 3

a) $\frac{32}{40} = \frac{32:8}{40:8} = \frac{4}{5}$ b) $\frac{48:12}{60:12} = \frac{4}{5}$ c) $\frac{30:6}{48:6} = \frac{5}{8}$

Kompetenzcheck Brüche vergleichen und ordnen

Aufgabe 1

a) $\frac{2 \cdot 8}{3 \cdot 8} = \frac{16}{24}$; $\frac{3 \cdot 3}{8 \cdot 3} = \frac{9}{24}$

b) $\frac{5 \cdot 2}{6 \cdot 2} = \frac{10}{12}$; $\frac{3 \cdot 3}{4 \cdot 3} = \frac{9}{12}$ oder $\frac{5 \cdot 4}{6 \cdot 4} = \frac{20}{24}$; $\frac{3 \cdot 6}{4 \cdot 6} = \frac{18}{24}$

c) $\frac{4 \cdot 4}{9 \cdot 4} = \frac{16}{36}$; $\frac{5 \cdot 3}{12 \cdot 3} = \frac{15}{36}$

Aufgabe 2

a) $\frac{3}{9} < \frac{5}{9}$ b) $\frac{11}{5} > \frac{10}{5}$

Aufgabe 3

a) $\frac{1}{4} > \frac{1}{9}$

b) $\frac{3}{7} < \frac{3}{5}$

Aufgabe 4

a) $\frac{3 \cdot 9}{4 \cdot 9} = \frac{27}{36}$; $\frac{7 \cdot 4}{9 \cdot 4} = \frac{28}{36}$, also $\frac{3}{4} < \frac{7}{9}$

b) $\frac{11 \cdot 2}{15 \cdot 2} = \frac{22}{30}$; $\frac{8 \cdot 3}{10 \cdot 3} = \frac{24}{30}$, also $\frac{11}{15} < \frac{8}{10}$

c) $\frac{56 : 8}{64 : 8} = \frac{7}{8}$; $\frac{21 : 3}{24 : 3} = \frac{7}{8}$, also $\frac{56}{64} = \frac{21}{24}$

Aufgabe 5

a) $\frac{2 \cdot 7}{5 \cdot 7} = \frac{14}{35}$; $\frac{3 \cdot 5}{7 \cdot 5} = \frac{15}{35}$, also $\frac{2}{5} < \frac{3}{7} < \frac{1}{2}$

b) $\frac{5 \cdot 4}{6 \cdot 4} = \frac{20}{24}$; $\frac{3 \cdot 6}{4 \cdot 6} = \frac{18}{24}$; $\frac{7 \cdot 3}{8 \cdot 3} = \frac{21}{24}$, also $\frac{1}{2} < \frac{3}{4} < \frac{5}{6} < \frac{7}{8}$

Kompetenzcheck Brüche und Prozente

Aufgabe 1

a) 3 %

b) 29 %

c) 87 %

d) 105 %

Aufgabe 2

a) $\frac{33}{100}$

b) $\frac{91}{100}$

c) $\frac{7}{100}$

d) $\frac{121}{100}$

Aufgabe 3

a) $\frac{3 \cdot 25}{4 \cdot 25} = \frac{75}{100} = 75\,\%$

b) $\frac{13 \cdot 5}{20 \cdot 5} = \frac{65}{100} = 65\,\%$

c) $\frac{4 \cdot 20}{5 \cdot 20} = \frac{80}{100} = 80\,\%$

d) $\frac{3}{25} = \frac{3 \cdot 4}{25 \cdot 4} = \frac{12}{100} = 12\,\%$

Aufgabe 4

a) $25\,\% = \frac{25}{100} = \frac{1}{4}$
$80 : 4 = 20$
$20 \cdot 1 = 20$

b) $20\,\% = \frac{20}{100} = \frac{1}{5}$
$50 : 5 = 10$
$10 \cdot 1 = 10$

c) $80\,\% = \frac{80}{100} = \frac{4}{5}$
$120 : 5 = 24$
$24 \cdot 4 = 96$

Aufgabe 5

Straßenkinder:
$30\,\% = \frac{30}{100} = \frac{3}{10}$
2500 € : 10 = 250 €
250 € · 3 = 750 €

Jugendzentrum:
2500 € : 4 = 625 €
Peru:
$20\,\% = \frac{20}{100} = \frac{1}{5}$
2500 € : 5 = 500 €

Pausensport:
Rest
2500 € − 750 € − 625 € − 500 € = 625 €

Aufgabe 1

a) $\frac{1}{4}$

b) $\frac{3}{5}$

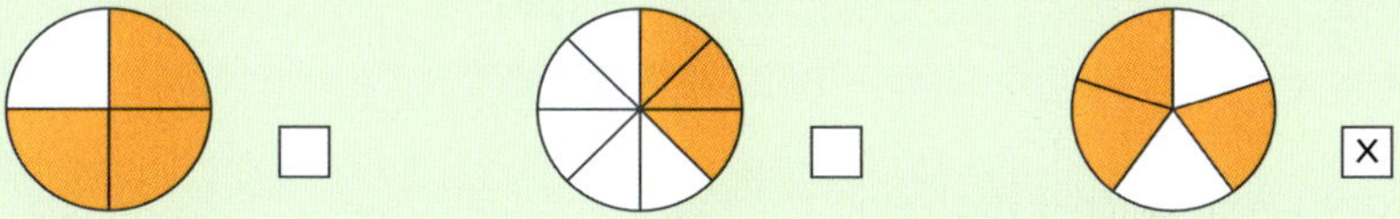

c) $\frac{2}{3}$

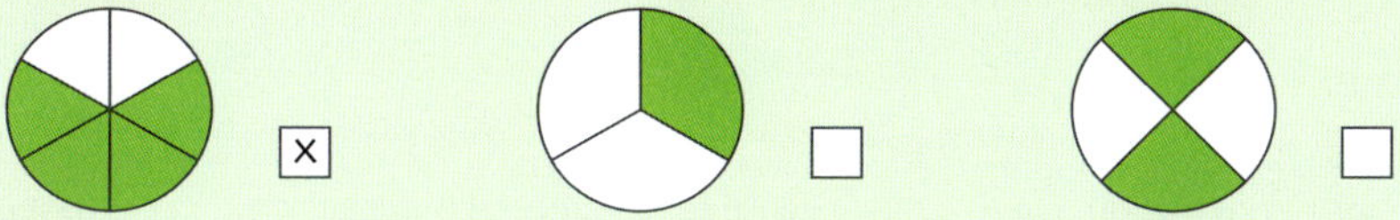

d) $\frac{2}{8}$

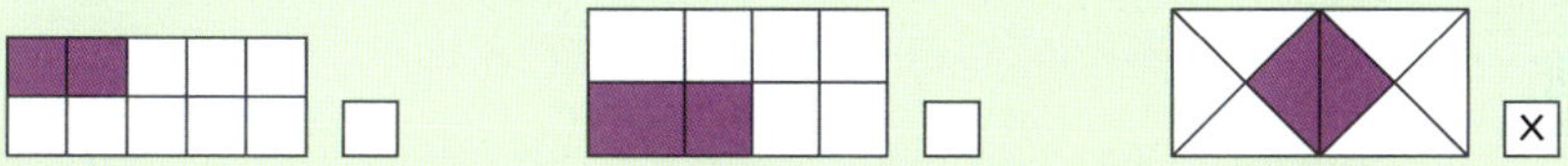

Aufgabe 2

a) $\frac{4}{6}$, vier Sechstel

b) $\frac{1}{4}$, ein Viertel

c) $\frac{5}{8}$, fünf Achtel

d) $\frac{12}{18}$, zwölf Achtzehntel

e) $\frac{3}{9}$, drei Neuntel

f) $\frac{2}{8}$, zwei Achtel

g) $\frac{4}{6}$, vier Sechstel

Aufgabe 3

a)

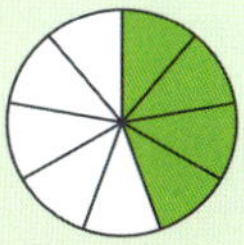

$\frac{4}{9}$

4 Teile markiert

b)

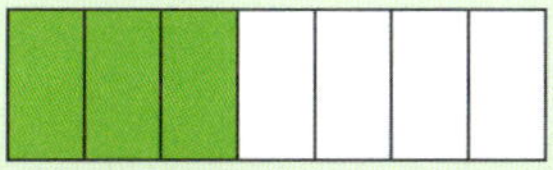

$\frac{3}{7}$

3 Teile markiert

c) $\frac{1}{3}$

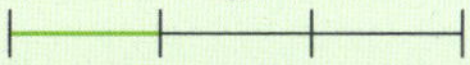

Teile die Strecke in 3 gleich große Abschnitte und markiere 1 davon.

Aufgabe 4

a)

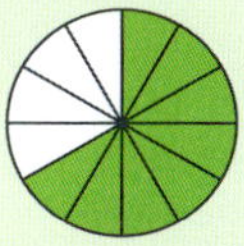

$\frac{4}{6}$

8 Teile markiert

b)

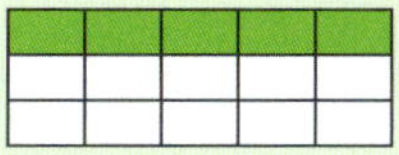

$\frac{1}{3}$

1 Streifen (oder 5 Teile) markiert

c)

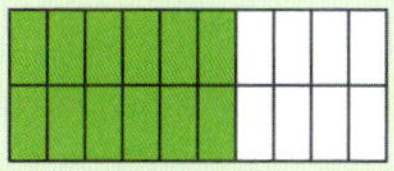

$\frac{3}{5}$

12 Kästchen markiert

Aufgabe 5

a) $\frac{1}{4}$ b) $\frac{2}{3}$ c) $\frac{1}{2}$

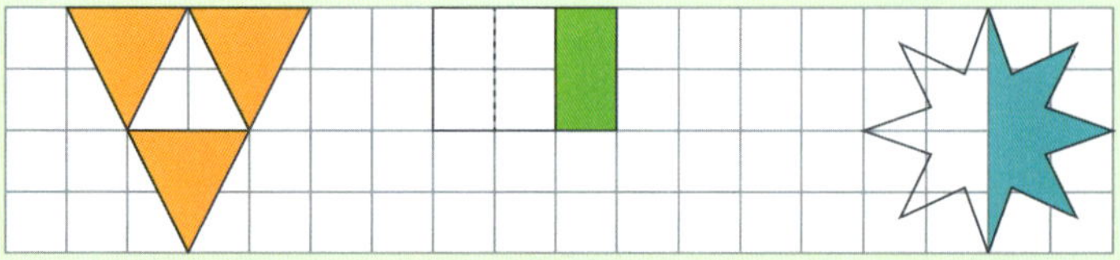

Ergänze 3 weitere Dreiecke.

Ergänze noch eine Hälfte des Quadrats.

Aufgabe 6

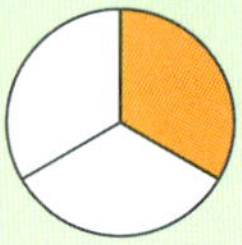

a) Die Teile sind nicht gleich groß. Eine richtige Einteilung könnte so aussehen:
b) richtig
c) Es sind nur 5 Teile gefärbt.

Aufgabe 7

a) $1\frac{3}{8} = \frac{11}{8}$ b) $2\frac{1}{4} = \frac{9}{4}$ c) $3\frac{2}{9} = \frac{29}{9}$ d) $4\frac{5}{6} = \frac{29}{6}$

Aufgabe 8

a) $3 \cdot 2 = 6$
$6 + 1 = 7$
$3\frac{1}{2} = \frac{7}{2}$

b) $5 \cdot 5 = 25$
$25 + 3 = 28$
$5\frac{3}{5} = \frac{28}{5}$

c) $7 \cdot 9 = 63$
$63 + 7 = 70$
$7\frac{7}{9} = \frac{70}{9}$

d) $10 \cdot 8 = 80$
$80 + 4 = 84$
$10\frac{4}{8} = \frac{84}{8}$

e) $8 \cdot 15 = 120$
$120 + 7 = 127$
$8\frac{7}{15} = \frac{127}{15}$

f) $2 \cdot 100 = 200$
$200 + 25 = 225$
$2\frac{25}{100} = \frac{225}{100}$

g) $13 \cdot 3 = 39$
$39 + 2 = 41$
$13\frac{2}{3} = \frac{41}{3}$

h) $6 \cdot 12 = 72$
$72 + 10 = 82$
$6\frac{10}{12} = \frac{82}{12}$

Aufgabe 9

a) Jedes Kind erhält $\frac{4}{3} = 1\frac{1}{3}$ Tafeln Schokolade.
b) Jedes Kind erhält $\frac{9}{12}$ Mini-Pizzen.
c) Jedes Kind erhält $\frac{6}{4} = 1\frac{2}{4}$ $\left(= 1\frac{1}{2}\right)$ Äpfel.

Aufgabe 10

a) $7 : 3 = 2$ Rest 1
$\frac{7}{3} = 2\frac{1}{3}$

b) $5 : 2 = 2$ Rest 1
$\frac{5}{2} = 2\frac{1}{2}$

c) $27 : 10 = 2$ Rest 7
$\frac{27}{10} = 2\frac{7}{10}$

d) $45 : 4 = 11$ Rest 1
$\frac{45}{4} = 11\frac{1}{4}$

e) $43 : 5 = 8$ Rest 3
$\frac{43}{5} = 8\frac{3}{5}$

f) $29 : 6 = 4$ Rest 5
$\frac{29}{6} = 4\frac{5}{6}$

g) $39 : 7 = 5$ Rest 4
$\frac{39}{7} = 5\frac{4}{7}$

h) $73 : 8 = 9$ Rest 1
$\frac{73}{8} = 9\frac{1}{8}$

Aufgabe 11

a) 133 : 16 = 8 Rest 5

$\frac{133}{16} = 8\frac{5}{16}$

b) 654 : 23 = 28 Rest 10

$\frac{654}{23} = 28\frac{10}{23}$

c) 765 : 35 = 21 Rest 30

$\frac{765}{35} = 21\frac{30}{35}$

d) 8452 : 62 = 136 Rest 20

$\frac{8452}{62} = 136\frac{20}{62}$

Aufgabe 12

a) 1 km = 1000 m
1000 m : 2 = **500 m**

b) 1 m = 100 cm
100 cm : 4 = 25 cm
25 cm · 3 = **75 cm**

c) 1 dm = 10 cm
10 cm : 10 = **1 cm**

d) 1 h = 60 min
60 min : 2 = **30 min**

e) 1 h = 60 min
60 min : 3 = 20 min
20 min · 2 = **40 min**

f) 1 h = 60 min
$1\frac{1}{2} = \frac{3}{2}$
60 min : 2 = 30 min
30 min · 3 = **90 min**

g) 1 kg = 1000 g
1000 g : 8 = 125 g
125 g · 7 = 875 g

h) 1 t = 1000 kg
1000 kg : 4 = **250 kg**

i) 1 g = 1000 mg
1000 mg : 5 = 200 mg
200 mg · 4 = **800 mg**

Aufgabe 13

a) 1 m = 100 cm
100 cm : 5 = 20 cm
20 cm · 3 = **60 cm**

b) 1 cm = 10 mm
10 mm : 10 = 1 mm
1 mm · 5 = **5 mm**

c) 1 m = 1000 mm
1000 mm : 8 = 125 mm
125 mm · 3 = **375 mm**

d) 1 Jahr = 12 Monate
12 Monate : 12 = 1 Monat
1 Monat · 5 = **5 Monate**

e) 1 Jahr = 12 Monate
12 Monate : 4 = 3 Monate
3 Monate · 3 = **9 Monate**

f) 1 Jahr = 12 Monate
12 Monate : 3 = 4 Monate
4 Monate · 2 = **8 Monate**

g) 1 kg = 1000 g
1000 g : 20 = 50 g
50 g · 3 = **150 g**

h) 1 t = 1000 kg
1000 kg : 50 = 20 kg
20 kg · 7 = **140 kg**

i) 1 g = 1000 mg
1000 mg : 1000 = 1 mg
1 mg · 51 = **51 mg**

Aufgabe 14

a)

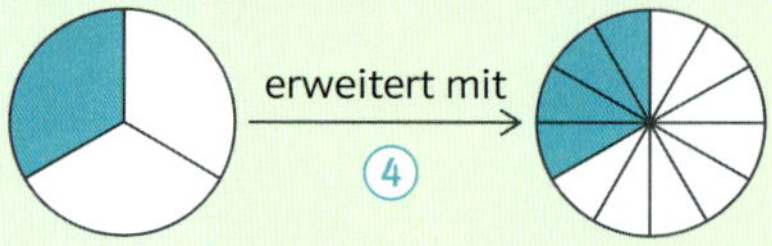

$\frac{1}{3} = \frac{4}{12}$

c)

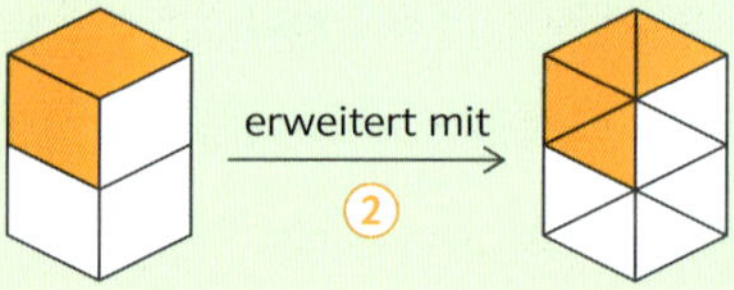

$\frac{2}{5} = \frac{4}{10}$

c)

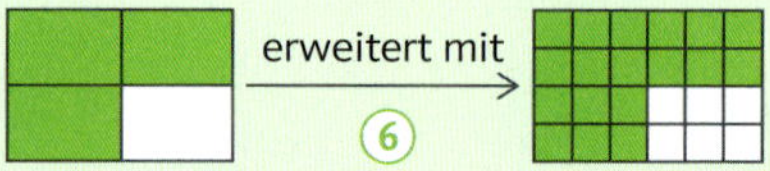

$\frac{3}{4} = \frac{18}{24}$

Aufgabe 15

a)

$\frac{1}{4} \overset{2}{=} \frac{2}{8}$

b)

$\frac{2}{6} \overset{3}{=} \frac{6}{18}$

c)

$\frac{3}{8} \overset{4}{=} \frac{12}{32}$

Aufgabe 16

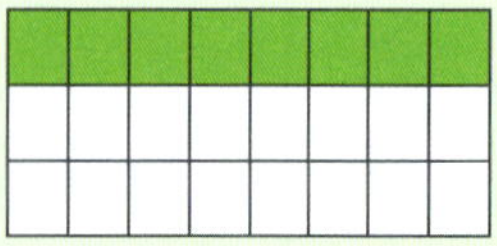

a) 8

b) $\frac{1}{3} = \frac{8}{24}$

c) Erweiterungszahl: 8

Aufgabe 17

Tipp: Teile den größeren Zähler durch den kleineren Zähler.

a) Rechne: 10 : 2 = 5
Erweiterungszahl **5**

b) Rechne: 21 : 3 = **7**

c) 45 : 5 = **9**

d) 13 : 1 = **13**

e) 21 : 7 = **3**

f) 20 : 4 = **5**

Aufgabe 18

a) Erweiterungszahl: 40 : 8 = 5, also $\frac{3 \cdot 5}{8 \cdot 5} = \frac{\mathbf{15}}{40}$

b) Erweiterungszahl: 63 : 7 = 9, also $\frac{7 \cdot 9}{10 \cdot 9} = \frac{63}{\mathbf{90}}$

c) Erweiterungszahl: 60 : 5 = 12, also $\frac{2 \cdot 12}{5 \cdot 12} = \frac{\mathbf{24}}{60}$

d) Erweiterungszahl: 30 : 5 = 6, also $\frac{5 \cdot 6}{12 \cdot 6} = \frac{30}{\mathbf{72}}$

e) Erweiterungszahl: 16 : 4 = 4, also $\frac{5 \cdot 4}{4 \cdot 4} = \frac{\mathbf{20}}{16}$

f) Erweiterungszahl: 42 : 6 = 7, also $\frac{6 \cdot 7}{7 \cdot 7} = \frac{42}{\mathbf{49}}$

Aufgabe 19

a) Erweiterungszahl: 10 : 5 = 2, also $\frac{4 \cdot 2}{5 \cdot 2} = \frac{8}{10}$

b) Erweiterungszahl: 100 : 20 = 5, also $\frac{7 \cdot 5}{20 \cdot 5} = \frac{35}{100}$

c) Erweiterungszahl: 100 : 25 = 4, also $\frac{11 \cdot 4}{25 \cdot 4} = \frac{44}{100}$

d) Erweiterungszahl: 100 : 50 = 2, also $\frac{3 \cdot 2}{50 \cdot 2} = \frac{6}{100}$

e) Erweiterungszahl: 100 : 4 = 25, also $\frac{7 \cdot 25}{4 \cdot 25} = \frac{175}{100}$

f) Erweiterungszahl: 1000 : 40 = 25, also $\frac{9 \cdot 25}{40 \cdot 25} = \frac{225}{1000}$

Aufgabe 20

a) Erweiterungszahl: 35 : 7 = 5 und 48 : 8 = 6, also nicht richtig erweitert.

richtig: $\frac{7 \cdot 5}{8 \cdot 5} = \frac{35}{40} = \frac{42}{48} = \frac{7 \cdot 6}{8 \cdot 6}$

b) Erweiterungszahl: 25 : 5 = 5 und 81 : 9 = 9, also nicht richtig erweitert.

richtig: $\frac{5 \cdot 5}{9 \cdot 5} = \frac{25}{45} = \frac{45}{81} = \frac{5 \cdot 9}{9 \cdot 9}$

c) Erweiterungszahl: 20 : 5 = 4 und 44 : 11 = 4, also richtig erweitert.

d) Erweiterungszahl: 40 : 8 = 5 und 50 : 15 = 4, also nicht richtig erweitert.

richtig: $\frac{8 \cdot 5}{15 \cdot 5} = \frac{40}{75} = \frac{32}{60} = \frac{8 \cdot 4}{15 \cdot 4}$

e) Erweiterungszahl: 25 : 5 = 5 und 40 : 8 = 5, also richtig erweitert.

f) Erweiterungszahl: 96 : 12 = 8 und 49 : 7 = 7, also nicht richtig erweitert.

richtig: $\frac{12 \cdot 8}{7 \cdot 8} = \frac{96}{56} = \frac{84}{49} = \frac{12 \cdot 7}{7 \cdot 7}$

Aufgabe 21

☒ $\frac{18}{24}$ ☐ $\frac{30}{32}$ ☒ $\frac{3}{4}$ ☐ $\frac{36}{64}$ ☒ $\frac{54}{72}$

Aufgabe 22

a)

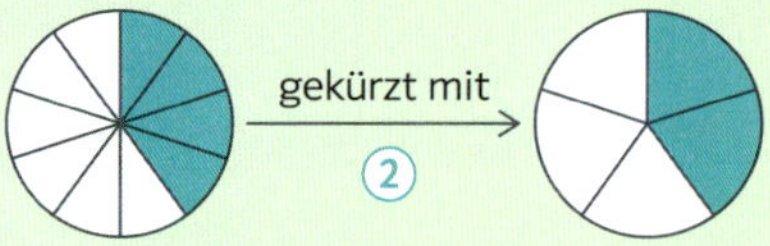

$\frac{4}{10} = \frac{2}{5}$

b)

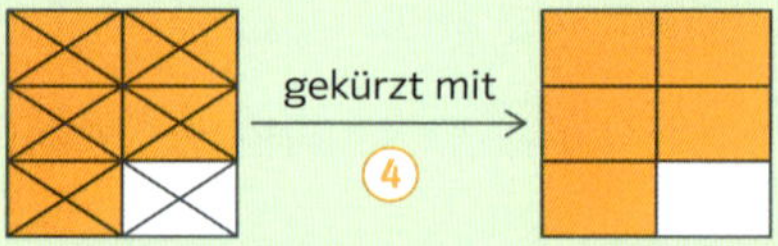

$\frac{20}{24} = \frac{5}{6}$

Aufgabe 23

a) $\frac{8:2}{14:2} = \frac{4}{7}$ b) $\frac{12:3}{15:3} = \frac{4}{5}$ c) $\frac{16:4}{24:4} = \frac{4}{6}$

d) $\frac{15:5}{45:5} = \frac{3}{9}$ e) $\frac{54:6}{60:6} = \frac{9}{10}$ f) $\frac{32:8}{72:8} = \frac{4}{9}$

Aufgabe 24

a) Kürzungszahl: 15 : 3 = **5** b) 48 : 6 = **8** c) 24 : 4 = **6**

d) 15 : 5 = **3** e) 32 : 4 = **8** f) 22 : 11 = **2**

Aufgabe 25

a) 2; 4 b) 3; 5; 15 c) 2; 4; 5; 10; 20 d) 7

Aufgabe 26

a) Kürzungszahl: 39 : 13 = 3
60 : 3 = **20**

b) 20 : 4 = 5
$\frac{15:5}{20:5} = \frac{\mathbf{3}}{4}$

c) 24 : 6 = 4
$\frac{5\cdot 4}{6\cdot 4} = \frac{\mathbf{20}}{24}$

d) 35 : 5 = 7
$\frac{5\cdot 7}{9\cdot 7} = \frac{35}{\mathbf{63}}$

e) 88 : 11 = 8
$\frac{64:8}{88:8} = \frac{\mathbf{8}}{11}$

f) 36 : 9 = 4
$\frac{8\cdot 4}{9\cdot 4} = \frac{\mathbf{32}}{36}$

Aufgabe 27

a) $\frac{4:4}{16:4} = \frac{1}{4}$ b) $\frac{16:4}{20:4} = \frac{4}{5}$ c) $\frac{40:20}{60:20} = \frac{2}{3}$

d) $\frac{36:12}{48:12} = \frac{3}{4}$ e) $\frac{32:4}{36:4} = \frac{8}{9}$ f) $\frac{48:24}{72:24} = \frac{2}{3}$

g) $\frac{30:15}{45:15} = \frac{2}{3}$ h) $\frac{18:6}{24:6} = \frac{3}{4}$

Aufgabe 28

$\frac{24}{36} = \frac{24:6}{36:6} = \frac{4}{6} = \frac{2}{3}$; $\frac{16}{24} = \frac{16:8}{24:8} = \frac{2}{3}$; $\frac{10}{15} = \frac{10:5}{15:5} = \frac{2}{3}$; $\frac{8}{10} = \frac{8:2}{10:2} = \frac{4}{5}$; $\frac{4}{6} = \frac{4:2}{6:2} = \frac{2}{3}$; $\frac{24}{30} = \frac{24:6}{30:6} = \frac{4}{5}$;

$\frac{20\cdot 10}{30:10} = \frac{2}{3}$ $\frac{28:7}{35:7} = \frac{4}{5}$; $\frac{12:3}{15:3} = \frac{4}{5}$

Aufgabe 29

a) nein, $\frac{10:5}{15:5} = \frac{2}{3}$

b) ja, $\frac{49:7}{63:7} = \frac{7}{9}$

c) nein, $\frac{2:2}{4:2} = \frac{1}{2}$

d) nein, $\frac{48:8}{72:8} = \frac{6}{9}$

e) ja, $\frac{44:22}{66:22} = \frac{2}{3}$

f) ja, $\frac{35:5}{75:5} = \frac{7}{15}$

Aufgabe 30

a) $\frac{5}{2}$; $\frac{5}{3}$; $\frac{5}{4}$
Wichtig ist, dass im Nenner keine 5-er Zahl steht.

b) Es muss jeweils eine 12-er Zahl in Zähler und Nenner stehen, da 12 durch 2, 3 und 4 teilbar ist.
Beispiel: $\frac{12}{36}$

Aufgabe 31

a) falsch.
Werden Zähler und Nenner verdoppelt, wird der Bruch mit 2 erweitert. Dann bleibt der Wert gleich.
Beispiel: $\frac{2}{3} = \frac{2\cdot 2}{3\cdot 2} = \frac{4}{6} = \frac{4:2}{6:2} = \frac{2}{3}$

b) richtig.

c) falsch. Beispiel: $\frac{10:5}{5:5} = \frac{2}{1}$
Der Bruch kann gekürzt werden, wenn der Zähler ein Vielfaches des Nenners ist.

Aufgabe 32

Alle Brüche haben den gleichen Nenner, vergleiche also die Zähler.

a) $\frac{2}{3} < \frac{4}{3}$ b) $\frac{11}{9} > \frac{8}{9}$ c) $\frac{8}{7} > \frac{5}{7}$ d) $\frac{3}{10} < \frac{30}{10}$ e) $\frac{10}{15} < \frac{11}{15}$ f) $\frac{3}{4} > \frac{2}{4}$

Aufgabe 33

Alle Brüche haben den gleichen Zähler, vergleiche also die Nenner.

a) $\frac{1}{3} > \frac{1}{5}$ b) $\frac{2}{5} < \frac{2}{3}$ c) $\frac{5}{7} < \frac{5}{1}$ d) $\frac{3}{4} > \frac{3}{40}$ e) $\frac{7}{8} < \frac{7}{5}$ f) $\frac{10}{11} > \frac{10}{12}$

Aufgabe 34

a) $\frac{3\cdot 5}{4\cdot 5} = \frac{15}{20}$; $\frac{4\cdot 4}{5\cdot 4} = \frac{16}{20}$, also $\frac{3}{4} < \frac{4}{5}$

b) $\frac{2\cdot 4}{3\cdot 4} = \frac{8}{12}$, also $\frac{2}{3} = \frac{8}{12}$

c) $\frac{8\cdot 10}{10\cdot 10} = \frac{80}{100}$, also $\frac{8}{10} < \frac{81}{100}$

d) $\frac{2\cdot 3}{5\cdot 3} = \frac{6}{15}$, also $\frac{2}{5} = \frac{6}{15}$

e) $\frac{7\cdot 2}{20\cdot 2} = \frac{14}{40}$; $\frac{5\cdot 5}{8\cdot 5} = \frac{25}{40}$, also $\frac{7}{20} < \frac{5}{8}$

f) $\frac{5\cdot 4}{6\cdot 4} = \frac{20}{24}$; $\frac{7\cdot 3}{8\cdot 3} = \frac{21}{24}$, also $\frac{5}{6} < \frac{7}{8}$

g) $\frac{3\cdot 3}{4\cdot 3} = \frac{9}{12}$, also $\frac{7}{12} < \frac{3}{4}$

h) $\frac{3\cdot 7}{5\cdot 7} = \frac{21}{35}$; $\frac{4\cdot 5}{7\cdot 5} = \frac{20}{35}$, also $\frac{3}{5} > \frac{4}{7}$

i) $\frac{5\cdot 5}{6\cdot 5} = \frac{25}{30}$; $\frac{8\cdot 3}{10\cdot 3} = \frac{24}{30}$, also $\frac{5}{6} > \frac{8}{10}$

Aufgabe 35

a) $\frac{2\cdot4}{5\cdot4} = \frac{8}{20}$; $\frac{3\cdot5}{4\cdot5} = \frac{15}{20}$

b) $\frac{1\cdot7}{6\cdot7} = \frac{7}{42}$; $\frac{3\cdot6}{7\cdot6} = \frac{18}{42}$

c) $\frac{3\cdot8}{5\cdot8} = \frac{24}{40}$; $\frac{7\cdot5}{8\cdot5} = \frac{35}{40}$

d) $\frac{5\cdot18}{12\cdot18} = \frac{90}{216}$; $\frac{7\cdot12}{18\cdot12} = \frac{84}{216}$ oder $\frac{5\cdot3}{12\cdot3} = \frac{15}{36}$; $\frac{7\cdot2}{18\cdot2} = \frac{14}{36}$

e) $\frac{5}{24}$; $\frac{3\cdot3}{8\cdot3} = \frac{9}{24}$ oder $\frac{5\cdot8}{24\cdot8} = \frac{40}{192}$; $\frac{3\cdot24}{8\cdot24} = \frac{72}{192}$

f) $\frac{4\cdot12}{9\cdot12} = \frac{48}{108}$; $\frac{7\cdot9}{12\cdot9} = \frac{63}{108}$ oder $\frac{4\cdot4}{9\cdot4} = \frac{16}{36}$; $\frac{7\cdot3}{12\cdot3} = \frac{21}{36}$

Aufgabe 36

a) 12; 24; 36; 48; **60**; 72; …
20; 40; 60; …
Hauptnenner: **60**
Rechne: 60 : 12 = 5 und 60 : 20 = 3, also $\frac{5\cdot5}{12\cdot5} = \frac{25}{60}$; $\frac{9\cdot3}{20\cdot3} = \frac{27}{60}$

b) 15; **30**; 45; …
6; 12; 18; 24; **30**; …
Hauptnenner: 30
Rechne: 30 : 15 = 2 und 30 : 6 = 5
$\frac{2\cdot2}{15\cdot2} = \frac{4}{30}$; $\frac{5\cdot5}{6\cdot5} = \frac{25}{30}$

c) 18; **36**; 54; …
4; 8; 12; 16; 20; 24; 28; 32; **36**; …
Hauptnenner: 36
Rechne: 36 : 18 = 2 und 36 : 4 = 9
$\frac{7\cdot2}{18\cdot2} = \frac{14}{36}$; $\frac{3\cdot9}{4\cdot9} = \frac{27}{36}$

Aufgabe 37

a) **Tipp:** zuerst kürzen
$\frac{18:9}{45:9} = \frac{2}{5}$
Erweitern auf Nenner 40:
$\frac{2\cdot8}{5\cdot8} = \frac{16}{40}$, also $\frac{18}{45} > \frac{15}{40}$

b) **Tipp:** zuerst kürzen
$\frac{35:7}{42:7} = \frac{5}{6}$; $\frac{49:7}{56:7} = \frac{7}{8}$
Erweitern auf Nenner 24:
$\frac{5\cdot4}{6\cdot4} = \frac{20}{24}$; $\frac{7\cdot3}{8\cdot3} = \frac{21}{24}$, also $\frac{35}{42} < \frac{49}{56}$

c) $\frac{9:3}{12:3} = \frac{3}{4}$; $\frac{15:5}{20:5} = \frac{3}{4}$, also $\frac{9}{12} = \frac{15}{20}$

d) $\frac{9:3}{15:3} = \frac{3}{5}$; $\frac{12:4}{20:4} = \frac{3}{5}$, also $\frac{9}{15} = \frac{12}{20}$

e) $\frac{7\cdot2}{9\cdot2} = \frac{14}{18}$, also $\frac{15}{18} > \frac{7}{9}$

f) $\frac{5\cdot3}{6\cdot3} = \frac{15}{18}$, also $\frac{5}{6} = \frac{15}{18}$

Aufgabe 38

a) $\frac{4}{7} > \frac{4}{8}$, da Zähler gleich

b) $\frac{13}{15} < \frac{12}{11}$, da $\frac{12}{11}$ größer als 1 und $\frac{13}{15}$ kleiner als 1 ist

c) $\frac{4}{5} > \frac{17}{35}$, da $\frac{4}{5}$ größer als $\frac{1}{2}$ ist und $\frac{17}{35}$ kleiner als $\frac{1}{2}$ ist

Aufgabe 39

a) Für kannst du jede Zahl, die größer als 5 ist, einsetzen, also 6; 7; 8; 9; 10; …

b) Für kannst du 2; 1 oder 0 einsetzen.

c) Für kannst du jede Zahl größer als 2 einsetzen, also 3; 4; 5; 6; …

d) Für kannst du nur 4 einsetzen.

e) Für kannst du nur 8 einsetzen.

f) Für kannst du $\frac{1}{4}$ einsetzen. Wenn du hier eine andere Lösung hast, vergleiche die Brüche, indem du die Brüche gleichnamig machst.

Aufgabe 40

a) gemeinsamer Nenner: 24

$\frac{7 \cdot 2}{12 \cdot 2} = \frac{14}{24}$; $\frac{5 \cdot 3}{8 \cdot 3} = \frac{15}{24}$; $\frac{1 \cdot 8}{3 \cdot 8} = \frac{8}{24}$, also $\frac{1}{3} < \frac{7}{12} < \frac{5}{8}$

b) gemeinsamer Nenner: 60

$\frac{2 \cdot 20}{3 \cdot 20} = \frac{40}{60}$; $\frac{3 \cdot 15}{4 \cdot 15} = \frac{45}{60}$; $\frac{4 \cdot 12}{5 \cdot 12} = \frac{48}{60}$, also $\frac{2}{3} < \frac{3}{4} < \frac{4}{5}$

c) $\frac{4 : 4}{12 : 4} = \frac{1}{3}$; $\frac{6 : 3}{15 : 3} = \frac{2}{5}$; $\frac{8 : 2}{18 : 2} = \frac{4}{9}$

gemeinsamer Nenner: 45

$\frac{1 \cdot 15}{3 \cdot 15} = \frac{15}{45}$; $\frac{6 \cdot 3}{15 \cdot 3} = \frac{18}{45}$; $\frac{4 \cdot 5}{9 \cdot 5} = \frac{20}{45}$, also $\frac{4}{12} < \frac{6}{15} < \frac{8}{18}$

Aufgabe 41

a) kleiner als $\frac{1}{2}$:
$\frac{3}{7}$; $\frac{4}{9}$; $\frac{5}{12}$

größer als $\frac{1}{2}$:
$\frac{2}{3}$; $\frac{4}{5}$

größer als 1:
$\frac{4}{3}$; $\frac{6}{5}$; $\frac{7}{3}$

b) $\frac{3 \cdot 9}{7 \cdot 9} = \frac{27}{63}$; $\frac{4 \cdot 7}{9 \cdot 7} = \frac{28}{63}$

$\frac{3 \cdot 12}{7 \cdot 12} = \frac{36}{84}$; $\frac{5 \cdot 7}{12 \cdot 7} = \frac{35}{84}$

$\frac{2 \cdot 5}{3 \cdot 5} = \frac{10}{15}$; $\frac{4 \cdot 3}{5 \cdot 3} = \frac{12}{15}$

$\frac{4 \cdot 5}{3 \cdot 5} = \frac{20}{15}$; $\frac{6 \cdot 3}{5 \cdot 3} = \frac{18}{15}$; $\frac{7 \cdot 5}{3 \cdot 5} = \frac{35}{15}$

also: $\frac{5}{12} < \frac{3}{7} < \frac{4}{9} < \frac{2}{3} < \frac{4}{5} < \frac{6}{5} < \frac{4}{3} < \frac{7}{3}$

Aufgabe 42

$\frac{12:3}{15:3} = \frac{4}{5}$ $\frac{3:3}{9:3} = \frac{1}{3}$ $\frac{10:2}{18:2} = \frac{5}{9}$ $\frac{13:13}{26:13} = \frac{1}{2}$

Zuerst kürzen!

also: $\frac{3}{9} < \frac{2}{5} < \frac{13}{26} < \frac{10}{18} < \frac{12}{15}$ Lösungswort: Willi

Aufgabe 43

a) kleiner: Der Zähler muss kleiner als 7 sein, also 0; 1; 2; 3; 4; 5; 6.
größer: Der Zähler muss größer als 7 sein, also 8; 9; 10; …

b) kleiner: Der Nenner muss größer als 9 sein, also 10; 11; 12; …
größer: Der Nenner muss kleiner als 9 sein, also 1; 2; 3; 4; 5; 6; 7; 8.

c) kleiner ist $\frac{6}{12} = \frac{3}{6}$; also Zähler 1; 2; 3
größer ist $\frac{8}{12} = \frac{4}{6}$, also Zähler 4; 5; 6; …

d) $\frac{12}{15} = \frac{4}{5}$
kleiner: Nenner größer als 5, also 6; 7; 8; …
größer: Nenner kleiner als 5, also 0; 1; 2; 3; 4

Aufgabe 44

Daniel: $\frac{21}{84}$ doppelt; Melina: $\frac{16}{72}$ doppelt

$\frac{21:7}{84:7} = \frac{3:3}{12:3} = \frac{1}{4}$ $\frac{16:4}{72:4} = \frac{4:2}{18:2} = \frac{2}{9}$,

also hat Melina im Verhältnis weniger Doppelte als Daniel, da $\frac{2}{9} < \frac{2}{8}$, und somit das bessere Päckchen.

Aufgabe 45

Schreibe den Zähler vor das Prozent bzw. Promillezeichen.

a) 1 % b) 8 % c) 12 % d) 88 %
e) 125 % f) 200 % g) 2 ‰ h) 20 ‰ = 2 %
i) 320 ‰ = 32 %

Aufgabe 46

Schreibe die Zahl in den Zähler und 100 bzw. 1000 in den Nenner.

a) $\frac{3}{100}$ b) $\frac{7}{100}$ c) $\frac{33}{100}$ d) $\frac{89}{100}$
e) $\frac{103}{100}$ f) $\frac{217}{100}$ g) $\frac{9}{1000}$ h) $\frac{13}{1000}$
i) $\frac{111}{1000}$

Aufgabe 47

a) $\frac{5}{100} = \frac{1}{20}$ b) $\frac{20}{100} = \frac{1}{5}$ c) $\frac{60}{100} = \frac{3}{5}$ d) $\frac{45}{100} = \frac{9}{20}$

e) $\frac{70}{100} = \frac{7}{10}$ f) $\frac{85}{100} = \frac{17}{20}$ g) $\frac{100}{100} = 1$ h) $\frac{125}{100} = \frac{5}{4}$

i) $\frac{200}{100} = 2$ j) $\frac{150}{100} = \frac{3}{2}$ k) $\frac{2}{1000} = \frac{1}{500}$ l) $\frac{10}{1000} = \frac{1}{100}$

Aufgabe 48

Erweitere alle Brüche auf den Nenner 100.

a) $\frac{1}{10} = \frac{10}{100} = 10\,\%$ b) $\frac{1}{2} = \frac{50}{100} = 50\,\%$ c) $\frac{1}{4} = \frac{25}{100} = 25\,\%$ d) $\frac{3}{4} = \frac{75}{100} = 75\,\%$

e) $\frac{1}{5} = \frac{20}{100} = 20\,\%$ f) $\frac{2}{5} = \frac{40}{100} = 40\,\%$ g) $\frac{3}{2} = \frac{150}{100} = 150\,\%$ h) $\frac{4}{5} = \frac{80}{100} = 80\,\%$

i) $\frac{1}{20} = \frac{5}{100} = 5\,\%$ j) $\frac{1}{25} = \frac{4}{100} = 4\,\%$ k) $\frac{1}{50} = \frac{2}{100} = 2\,\%$ l) $\frac{7}{10} = \frac{70}{100} = 70\,\%$

Aufgabe 49

Erweitere alle Brüche auf den Nenner 100.

a) 17 % b) $\frac{3}{5} = \frac{60}{100} = 60\,\%$ c) $\frac{37}{50} = \frac{74}{100} = 74\,\%$ d) $\frac{17}{25} = \frac{68}{100} = 68\,\%$

e) $\frac{9}{20} = \frac{45}{100} = 45\,\%$ f) $\frac{5}{4} = \frac{125}{100} = 125\,\%$ g) $\frac{51}{50} = \frac{102}{100} = 102\,\%$ h) $\frac{30}{25} = \frac{120}{100} = 120\,\%$

i) $\frac{23}{4} = \frac{575}{100} = 575\,\%$

Aufgabe 50

Erweitere alle Brüche auf den Nenner 100.

a) $\frac{3}{100} = 3\,\%$ b) $\frac{8}{10} = \frac{80}{100} = 80\,\%$ c) $\frac{12}{25} = \frac{48}{100} = 48\,\%$

d) $\frac{11}{20} = \frac{55}{100} = 55\,\%$ e) $\frac{37}{50} = \frac{74}{100} = 74\,\%$ f) $\frac{48}{96} = \frac{1}{2} = \frac{50}{100} = 50\,\%$

Aufgabe 51

Erweitere oder kürze alle Brüche auf den Nenner 100.

a) $\frac{40}{200} = \frac{20}{100} = 20\,\%$ b) $\frac{14}{35} = \frac{2}{5} = \frac{40}{100} = 40\,\%$ c) $\frac{12}{40} = \frac{3}{10} = \frac{30}{100} = 30\,\%$

d) $\frac{120}{1000} = \frac{12}{100} = 12\,\%$ e) $\frac{45}{500} = \frac{9}{100} = 9\,\%$ f) $\frac{54}{30} = \frac{18}{10} = \frac{180}{100} = 180\,\%$

g) $\frac{28}{35} = \frac{4}{5} = \frac{80}{100} = 80\,\%$ h) $\frac{27}{45} = \frac{3}{5} = \frac{60}{100} = 60\,\%$ i) $\frac{36}{300} = \frac{12}{100} = 12\,\%$

Aufgabe 52

a) Teile durch 10, also 570 g : 10 = **57 g**

b) Teile durch 5, also 120 € : 5 = **24 €**

c) Teile durch 4, also $44\,m^2 : 4 =$ **$11\,m^2$**

d) $75\,\% = \frac{3}{4}$, teile durch 4 und multipliziere mit 3,
also 4000 m : 4 = 1000 m
1000 m · 3 = **3000 m**

e) $5\,\% = \frac{1}{20}$, teile durch 20,
10 € = 1000 ct,
also 1000 ct : 20 = **50 ct**

f) $150\,\% = \frac{3}{2}$, teile durch 2 und nimm mit 3 mal,
also 6 € : 2 = 3 €
3 € · 3 = **9 €**

g) $5\,‰ = \frac{5}{1000}$, 1 kg = 1000 g, teile durch 1000 und nimm mit 5 mal,
also 1000 g : 1000 = 1 g
1 g · 5 = **5 g**

h) $2\,‰ = \frac{2}{1000}$, teile durch 1000 und nimm mit 2 mal, also
also 1000 € : 1000 = 1 €
1 € · 2 = **2 €**

Aufgabe 53

a) 75 % Polyacryl $\hat{=} \frac{3}{4}$
500 g : 4 = 125 g
125 g · 3 = 375 g
Schurwolle:
500 g − 375 g = 125 g

b) 9 % Saft $\hat{=} \frac{9}{100}$
200 g : 100 = 2 g
Himbeersaft:
2 g · 9 = 18 g

Aufgabe 54

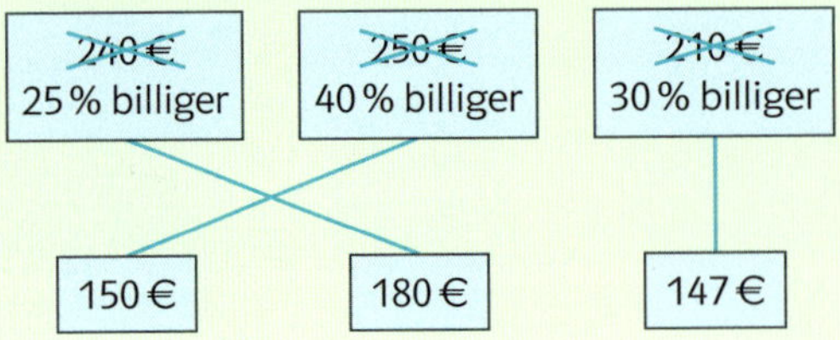

Aufgabe 55

Anne: $\frac{25\,€}{20\,€} = \frac{5}{4} = \frac{125}{100} = 125\,\%$; Jörg: $\frac{16\,€}{12\,€} = \frac{16}{12} = \frac{4}{3} \approx 133\,\%$

Jörgs Taschengeld ist also stärker erhöht worden.

Lösungen zum Abschlusskompetenzcheck

	Lösung			
1	a) $\frac{5}{12}$	b) $\frac{1}{4}$ $\left(\text{oder } \frac{4}{16}\right)$	c) $\frac{4}{15}$	
2	a)  $\frac{5}{6}$ b) 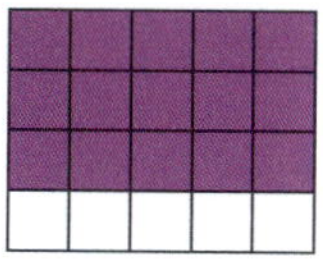 $\frac{3}{4}$ c) 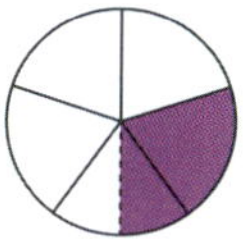 $\frac{3}{10}$			
3	a) $2\frac{8}{10} = 2\frac{4}{5}$	b) $2\frac{1}{8}$	c) $4\frac{3}{5}$	
4	a) $\frac{11}{2}$	b) $\frac{14}{5}$	c) $\frac{25}{8}$	
5	a) 1 dm	b) 125 cm	c) 375 g	d) 45 s
6	a) $\frac{4}{7} = \frac{32}{\mathbf{56}}$	b) $\frac{3}{8} = \frac{27}{\mathbf{72}}$	c) $\frac{4}{\mathbf{5}} = \frac{32}{40}$	d) $\frac{\mathbf{7}}{4} = \frac{35}{20}$
7	a) $\frac{2}{3}$	b) $\frac{3}{4}$	c) $\frac{3}{5}$	
8	a) $\frac{4}{9} > \frac{7}{16}$	b) $\frac{5}{8} > \frac{7}{12}$	c) $\frac{7}{8} > \frac{5}{6}$	d) $\frac{32}{40} = \frac{48}{60}$
9	a) 6 %	b) 75 %	c) 68 %	d) 160 %
10	a) $\frac{2}{5}$	b) $\frac{18}{25}$	c) $\frac{11}{10}$	
11	a) 7 €	b) 270 g	c) 250 €	
12	a) 300 g : 100 = 3 g 3 g · 32 = 96 g		b) 50 kg : 10 = 5 kg 5 kg · 7 = 35 kg	
13	Sarah = Katharina < Philipp < Yannik < Mario			

2 Mit Brüchen rechnen

Kompetenzcheck
Gleichnamige Brüche addieren und subtrahieren

Aufgabe 1

a) $\frac{3}{8} + \frac{1}{8} = \frac{3+1}{8} = \frac{4}{8} = \frac{1}{2}$

b) $\frac{1}{7} + \frac{5}{7} = \frac{1+5}{7} = \frac{6}{7}$

c) $\frac{8}{25} + \frac{11}{25} = \frac{8+11}{25} = \frac{19}{25}$

d) $\frac{7}{40} + \frac{9}{40} = \frac{7+9}{40} = \frac{16}{40} = \frac{2}{5}$

Aufgabe 2

a) $\frac{11}{15} - \frac{7}{15} = \frac{11-7}{15} = \frac{4}{15}$

b) $\frac{19}{20} - \frac{11}{20} = \frac{19-11}{20} = \frac{8}{20} = \frac{2}{5}$

c) $\frac{23}{30} - \frac{17}{30} = \frac{23-17}{30} = \frac{6}{30} = \frac{1}{5}$

Aufgabe 3

a) $1\frac{2}{5} + 3\frac{1}{5} = 1 + 3 + \frac{2}{5} + \frac{1}{5} = 4\frac{3}{5}$

b) $2\frac{3}{8} + 3\frac{7}{8} = 2 + 3 + \frac{3}{8} + \frac{7}{8} = 5\frac{10}{8} = 6\frac{2}{8} = 6\frac{1}{4}$

c) $6\frac{1}{4} = \frac{25}{4}$; $4\frac{3}{4} = \frac{19}{4}$, also $\frac{25}{4} - \frac{19}{4} = \frac{6}{4} = \frac{3}{2} = 1\frac{1}{2}$

Kompetenzcheck
Brüche addieren und subtrahieren

Aufgabe 1

a) $\frac{1 \cdot 6}{4 \cdot 6} = \frac{6}{24}$; $\frac{5 \cdot 4}{6 \cdot 4} = \frac{20}{24}$ oder $\frac{1 \cdot 3}{4 \cdot 3} = \frac{3}{12}$; $\frac{5 \cdot 2}{6 \cdot 2} = \frac{10}{12}$

b) $\frac{2 \cdot 4}{3 \cdot 4} = \frac{8}{12}$; $\frac{11}{12}$ oder $\frac{2 \cdot 12}{3 \cdot 12} = \frac{24}{36}$; $\frac{11 \cdot 3}{12 \cdot 3} = \frac{33}{36}$

c) $\frac{2 \cdot 5}{3 \cdot 5} = \frac{10}{15}$; $\frac{4 \cdot 3}{5 \cdot 3} = \frac{12}{15}$

Aufgabe 2

a) $\frac{3}{4} + \frac{1}{6} = \frac{\mathbf{9}}{12} + \frac{\mathbf{2}}{12} = \frac{\mathbf{11}}{12}$

b) $\frac{1}{3} + \frac{3}{8} = \frac{8}{\mathbf{24}} + \frac{9}{\mathbf{24}} = \frac{17}{\mathbf{24}}$

Aufgabe 3

a) $\frac{1 \cdot 5}{2 \cdot 5} + \frac{2 \cdot 2}{5 \cdot 2} = \frac{5}{10} + \frac{4}{10} = \frac{9}{10}$

b) $\frac{2 \cdot 5}{3 \cdot 5} + \frac{4}{15} = \frac{10}{15} + \frac{4}{15} = \frac{14}{15}$

c) $\frac{5 \cdot 3}{12 \cdot 3} + \frac{24}{36} = \frac{15}{36} + \frac{24}{36} = \frac{39}{36} = \frac{13}{12}$ oder $\frac{5}{12} + \frac{8}{12} = \frac{13}{12}$

Aufgabe 4

a) $\frac{5\cdot 2}{6\cdot 2} - \frac{5}{12} = \frac{10}{12} - \frac{5}{12} = \frac{5}{12}$

b) $\frac{9\cdot 2}{10\cdot 2} - \frac{3\cdot 5}{4\cdot 5} = \frac{18}{20} - \frac{15}{20} = \frac{3}{20}$

c) $\frac{30}{36} - \frac{7}{24} = \frac{5}{6} - \frac{7}{24} = \frac{5\cdot 4}{6\cdot 4} - \frac{7}{24} = \frac{20}{24} - \frac{7}{24} = \frac{13}{24}$

Aufgabe 5

a) $4\frac{1}{4} + 2\frac{3}{8} = \frac{17}{4} + \frac{19}{8} = \frac{17\cdot 2}{4\cdot 2} + \frac{19}{8} = \frac{34}{8} + \frac{19}{8} = \frac{53}{8} = 6\frac{5}{8}$

b) $3\frac{1}{3} + 2\frac{5}{6} = \frac{10}{3} + \frac{17}{6} = \frac{10\cdot 2}{3\cdot 2} + \frac{17}{6} = \frac{20}{6} + \frac{17}{6} = \frac{37}{6} = 6\frac{1}{6}$

c) $11\frac{2}{5} - 4\frac{7}{10} = \frac{57}{5} - \frac{47}{10} = \frac{57\cdot 2}{5\cdot 2} - \frac{47}{10} = \frac{114}{10} - \frac{47}{10} = \frac{67}{10} = 6\frac{7}{10}$

Kompetenzcheck
Brüche vervielfachen und teilen

Aufgabe 1

a) $\frac{5\cdot 3}{4} = \frac{15}{4}$ b) $\frac{4\cdot 4}{5} = \frac{16}{5}$ c) $\frac{3\cdot 5}{6} = \frac{15}{6}$ d) $\frac{6\cdot 11}{18} = \frac{66}{18} = \frac{11}{3}$

Aufgabe 2

a) $\frac{5}{2\cdot 4} = \frac{5}{8}$ b) $\frac{2}{3\cdot 3} = \frac{2}{9}$ c) $\frac{8}{9\cdot 4} = \frac{2}{9}$ d) $\frac{9}{14\cdot 3} = \frac{3}{14}$

Aufgabe 3

	r	f
Beim Erweitern werden Zähler und Nenner mit derselben Zahl multipliziert.	☒	☐
Anschaulich bleiben beim Erweitern alle Teile gleich groß.	☐	☒
Beim Vervielfachen ändert sich der Wert des Bruches nicht.	☐	☒
Beim Vervielfachen ändert sich anschaulich die Anzahl der markierten Teile.	☒	☐

Aufgabe 4

	r	f
Beim Teilen ändert sich der Wert des Bruches.	☒	☐
Beim Teilen ändert sich die Anzahl der markierten Teile.	☐	☒
Beim Kürzen ändert sich der Wert des Bruches nicht.	☒	☐
Beim Kürzen ändert sich die Anzahl der markierten Teile nicht.	☐	☒

Kompetenzcheck
Multiplizieren von Brüchen

Aufgabe 1

a) $\frac{1\cdot 4}{2\cdot 5} = \frac{1\cdot 2}{1\cdot 5} = \frac{2}{5}$ oder $\frac{1\cdot 4}{2\cdot 5} = \frac{4}{10} = \frac{2}{5}$

b) $\frac{1\cdot 3}{2\cdot 4} = \frac{3}{8}$

Aufgabe 2

a) $\frac{8\cdot 5}{15\cdot 6} = \frac{4\cdot 1}{3\cdot 3} = \frac{4}{9}$

b) $\frac{4\cdot 5}{2\cdot 3} = \frac{2\cdot 5}{1\cdot 3} = \frac{10}{3}$

Aufgabe 3

a) $1\frac{3}{5}\cdot 2\frac{1}{2} = \frac{8}{5}\cdot\frac{5}{2} = \frac{8\cdot 5}{5\cdot 2} = \frac{4\cdot 1}{1\cdot 1} = 4$

b) $1\frac{3}{4}\cdot 3\frac{1}{2} = \frac{7}{4}\cdot\frac{7}{2} = \frac{49}{8} = 6\frac{1}{8}$

Aufgabe 4

a) ☐ $\frac{2}{7}\cdot\frac{4}{3}$ ☐ $\frac{5}{7}\cdot\frac{4}{3}$ ☐ $\frac{2}{7}\cdot\frac{3}{4}$ ☒ $\frac{5}{7}\cdot\frac{3}{4}$

b) ☒ $\frac{2}{3}$ von $\frac{3}{5}$ ☐ $\frac{3}{2}$ von $\frac{3}{5}$ ☐ $\frac{3}{5}$ von $\frac{2}{3}$ ☐ $\frac{2}{5}$ von $\frac{2}{3}$

Kompetenzcheck
Dividieren von Brüchen

Aufgabe 1

a) $\frac{1}{3} : \frac{3}{4} = \frac{1}{3}\cdot\frac{4}{3} = \frac{4}{9}$

b) $\frac{5}{6} : \frac{10}{6} = \frac{5}{6}\cdot\frac{6}{10} = \frac{5\cdot 6}{6\cdot 10} = \frac{1}{2}$

c) $\frac{3}{4} : \frac{9}{2} = \frac{3}{4}\cdot\frac{2}{9} = \frac{3\cdot 2}{4\cdot 9} = \frac{1}{6}$

d) $\frac{2}{5} : \frac{5}{3} = \frac{2}{5}\cdot\frac{3}{5} = \frac{2\cdot 3}{5\cdot 5} = \frac{6}{25}$

e) $\frac{8}{5} : \frac{2}{15} = \frac{8}{5}\cdot\frac{15}{2} = \frac{8\cdot 15}{5\cdot 2} = \frac{4\cdot 3}{1\cdot 1} = 12$; $\frac{2}{15}$ ist in $\frac{8}{5}$ 12-mal enthalten.

Aufgabe 2

a) $1\frac{7}{8} : \frac{5}{4} = \frac{15}{8}\cdot\frac{4}{5} = \frac{15\cdot 4}{8\cdot 5} = \frac{3\cdot 1}{2\cdot 1} = \frac{3}{2} = 1\frac{1}{2}$

b) $1\frac{1}{2} : 2\frac{1}{4} = \frac{3}{2} : \frac{9}{4} = \frac{3}{2}\cdot\frac{4}{9} = \frac{3\cdot 4}{2\cdot 9} = \frac{1\cdot 2}{1\cdot 3} = \frac{2}{3}$

Aufgabe 3

a) $= \frac{1}{6} : \frac{3}{4} = \frac{1}{6}\cdot\frac{4}{3} = \frac{1\cdot 4}{6\cdot 3} = \frac{1\cdot 2}{3\cdot 3} = \frac{2}{9}$

b) $= \frac{8}{5} : \frac{1}{4} = \frac{8}{5}\cdot\frac{4}{1} = \frac{32}{5}$

Kompetenzcheck
Rechenausdrücke mit Brüchen berechnen

Aufgabe 1

a) $\frac{3}{4} + \frac{3}{4} + \frac{4}{3} + \frac{1}{6} = \frac{6}{4} + \frac{4}{3} + \frac{1}{6} = \frac{3}{2} + \frac{4}{3} + \frac{1}{6} = \frac{9}{6} + \frac{8}{6} + \frac{1}{6} = \frac{18}{6} = 3$

b) $\frac{3}{5} - \frac{1}{5} + \frac{1}{4} = \frac{2}{5} + \frac{1}{4} = \frac{2 \cdot 4}{5 \cdot 4} + \frac{1 \cdot 5}{4 \cdot 5} = \frac{8}{20} + \frac{5}{20} = \frac{13}{20}$

c) $\frac{2}{3} \cdot \frac{2}{5} \cdot \frac{9}{4} = \frac{2 \cdot 2 \cdot 9}{3 \cdot 5 \cdot 4} = \frac{1 \cdot 1 \cdot 3}{1 \cdot 5 \cdot 1} = \frac{3}{5}$

d) $\frac{4}{9} \cdot \frac{2}{5} : \frac{8}{9} = \frac{4 \cdot 2 \cdot 9}{9 \cdot 5 \cdot 8} = \frac{1 \cdot 1 \cdot 1}{1 \cdot 5 \cdot 1} = \frac{1}{5}$

Aufgabe 2

a) $\frac{2}{3} + \underbrace{\frac{5}{3} \cdot \frac{3}{20}}$

$= \frac{2}{3} + \frac{5 \cdot 3}{3 \cdot 20}$

$= \frac{2}{3} + \frac{1 \cdot 1}{1 \cdot 4} = \frac{2}{3} + \frac{1}{4}$

$= \frac{2 \cdot 4}{3 \cdot 4} + \frac{1 \cdot 3}{4 \cdot 3} = \frac{8}{12} + \frac{3}{12} = \frac{11}{12}$

b) $\frac{2}{9} \cdot \left(\frac{3}{4} - \frac{1}{8}\right)$

$= \frac{2}{9} \cdot \left(\frac{3 \cdot 2}{4 \cdot 2} - \frac{1}{8}\right)$

$= \frac{2}{9} \cdot \frac{5}{8} = \frac{2 \cdot 5}{9 \cdot 8} = \frac{1 \cdot 5}{9 \cdot 4} = \frac{5}{36}$

Aufgabe 3

a) $\mathbf{\frac{2}{9}} \cdot \underbrace{\left(\frac{3}{5} + \frac{4}{5}\right)}$

$= \frac{2}{9} \cdot \quad \frac{7}{5} = \frac{14}{45}$

b) $\underbrace{\left(\mathbf{\frac{5}{8}} + \mathbf{\frac{7}{8}}\right)} \cdot \frac{3}{2}$

$= \quad \frac{12}{8} \quad \cdot \frac{3}{2}$

$= \frac{12 \cdot 3}{8 \cdot 2} = \frac{3 \cdot 3}{2 \cdot 2} = \frac{9}{4}$

Aufgabe 4

$\frac{2}{3} \cdot \left(\frac{3}{4} + \frac{3}{5}\right) = \frac{2}{3} \cdot \mathbf{\frac{3}{4}} + \frac{2}{3} \cdot \mathbf{\frac{3}{5}}$

$= \frac{2 \cdot 3}{3 \cdot 4} + \frac{2 \cdot 3}{3 \cdot 5}$

$= \frac{1}{2} + \frac{2}{5} = \frac{1 \cdot 5}{2 \cdot 5} + \frac{2 \cdot 2}{5 \cdot 2}$

$= \frac{5}{10} + \frac{4}{10} = \frac{9}{10}$

Aufgabe 1

a) $\frac{2}{8} + \frac{4}{8} = \frac{2+4}{8} = \frac{6}{8} = \frac{3}{4}$

b) $\frac{2}{5} + \frac{3}{5} = \frac{2+3}{5} = \frac{5}{5} = 1$

c) $\frac{3}{10} + \frac{9}{10} = \frac{3+9}{10} = \frac{12}{10} = \frac{6}{5}$

d) $\frac{11}{15} + \frac{14}{15} = \frac{11+14}{15} = \frac{25}{15} = \frac{5}{3}$

e) $\frac{13}{20} + \frac{3}{20} = \frac{13+3}{20} = \frac{16}{20} = \frac{4}{5}$

f) $\frac{9}{25} + \frac{11}{25} = \frac{9+11}{25} = \frac{20}{25} = \frac{4}{5}$

Aufgabe 2

a) $\frac{13}{18} - \frac{4}{18} = \frac{13-4}{18} = \frac{9}{18} = \frac{1}{2}$

b) $\frac{37}{7} - \frac{9}{7} = \frac{37-9}{7} = \frac{28}{7} = 4$

c) $\frac{7}{8} - \frac{5}{8} = \frac{7-5}{8} = \frac{2}{8} = \frac{1}{4}$

d) $\frac{19}{24} - \frac{11}{24} = \frac{19-11}{24} = \frac{8}{24} = \frac{1}{3}$

e) $\frac{17}{40} - \frac{9}{40} = \frac{17-9}{40} = \frac{8}{40} = \frac{1}{5}$

f) $\frac{37}{30} - \frac{17}{30} = \frac{37-17}{30} = \frac{20}{30} = \frac{2}{3}$

Aufgabe 3

a)

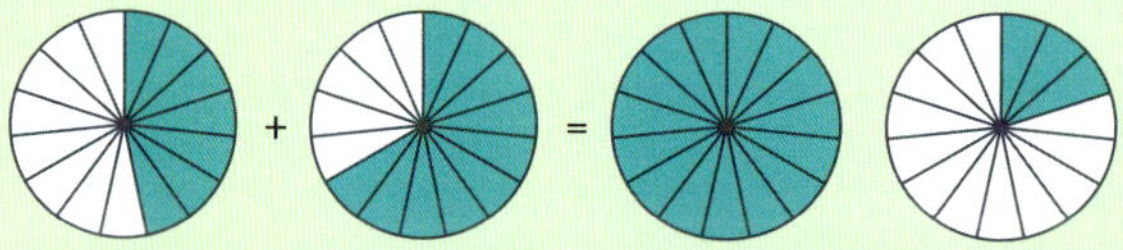

$\frac{7}{15} + \frac{11}{15} = \frac{18}{15} = 1\frac{3}{15}$

b)

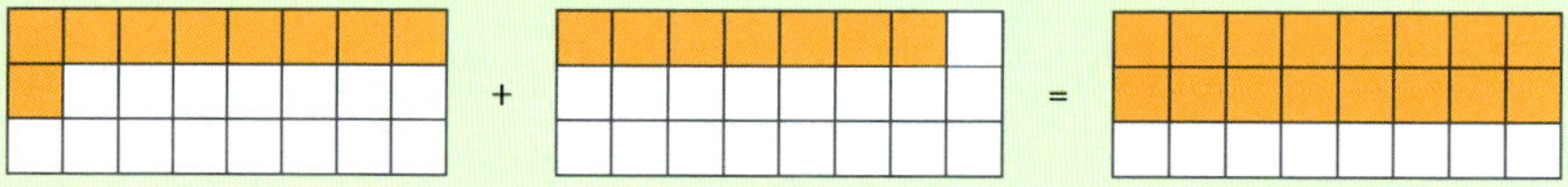

$\frac{9}{24} + \frac{7}{24} = \frac{16}{24} = \frac{2}{3}$

Aufgabe 4

a) Im Nenner des Ergebnisses steht 8.
Zähler: $11 + 3 - \square = 7$,
also $\square = 7$
$\frac{11}{8} + \frac{3}{8} - \frac{\mathbf{7}}{8} = \frac{7}{\mathbf{8}}$

b) Nenner 10
$\frac{5}{10} - \frac{5}{\mathbf{10}} = \frac{\mathbf{0}}{10}$

c) Nenner 50
$\frac{17}{50} + \frac{\square}{50} = \frac{41}{50}$
Zähler: $17 + \square = 41$,
also $41 - 17 = \square = 24$
$\frac{17}{50} + \frac{\mathbf{24}}{50} = \frac{41}{50}$

Aufgabe 5

a) $2\frac{1}{2} + 3\frac{1}{2} = \frac{5}{2} + \frac{7}{2} = \frac{12}{2} = 6$

b) $4\frac{1}{3} + 2\frac{1}{3} = \frac{13}{3} + \frac{7}{3} = \frac{20}{3} = 6\frac{2}{3}$

c) $5\frac{1}{5} + 3\frac{2}{5} = \frac{26}{5} + \frac{17}{5} = \frac{43}{5} = 8\frac{3}{5}$

d) $4\frac{5}{8} + 5\frac{7}{8} = \frac{37}{8} + \frac{47}{8} = \frac{84}{8} = 10\frac{4}{8} = 10\frac{1}{2}$

e) $1\frac{7}{10} + 3\frac{9}{10} = \frac{17}{10} + \frac{39}{10} = \frac{56}{10} = 5\frac{6}{10} = 5\frac{3}{5}$

f) $4\frac{4}{7} + 2\frac{5}{7} = \frac{32}{7} + \frac{19}{7} = \frac{51}{7} = 7\frac{2}{7}$

Aufgabe 6

a) $5\frac{5}{6} - 3\frac{1}{6} = \frac{35}{6} - \frac{19}{6} = \frac{16}{6} = 2\frac{4}{6} = 2\frac{2}{3}$

b) $7\frac{19}{20} - 3\frac{8}{20} = 7 - 3 + \frac{19}{20} - \frac{8}{20} = 4\frac{11}{20}$

c) $6\frac{7}{8} - 1\frac{1}{8} = 6 - 1 + \frac{7}{8} - \frac{1}{8} = 5\frac{6}{8} = 5\frac{3}{4}$

Aufgabe 7

a) $4\frac{3}{11} - 1\frac{8}{11} = \frac{47}{11} - \frac{19}{11} = \frac{28}{11} = 2\frac{6}{11}$

b) $8\frac{7}{12} - 2\frac{11}{12} = \frac{103}{12} - \frac{35}{12} = \frac{68}{12} = 5\frac{8}{12} = 5\frac{2}{3}$

c) $5\frac{3}{10} - 4\frac{9}{10} = \frac{53}{10} - \frac{49}{10} = \frac{4}{10} = \frac{2}{5}$

Aufgabe 8

a) $\frac{\mathbf{8}}{12}; \frac{\mathbf{5}}{12}$

b) $\frac{9}{\mathbf{15}}; \frac{5}{\mathbf{15}}$

c) $\frac{\mathbf{15}}{18}; \frac{8}{\mathbf{18}}$

Aufgabe 9

a) $\frac{3}{4} + \frac{3}{7} = \frac{\mathbf{21}}{28} + \frac{\mathbf{12}}{28} = \frac{\mathbf{33}}{28}$

b) $\frac{1}{6} + \frac{3}{4} = \frac{\mathbf{2}}{12} + \frac{\mathbf{9}}{12} = \frac{\mathbf{11}}{12}$

c) $\frac{1}{3} + \frac{3}{5} = \frac{\mathbf{5}}{15} + \frac{\mathbf{9}}{15} = \frac{\mathbf{14}}{15}$

d) $\frac{9}{10} - \frac{3}{4} = \frac{\mathbf{18}}{20} - \frac{\mathbf{15}}{20} = \frac{\mathbf{3}}{20}$

Aufgabe 10

a) gemeinsamer Nenner: 9

$\frac{2\cdot 3}{3\cdot 3} + \frac{4}{9} = \frac{6}{9} + \frac{4}{9} = \frac{10}{9}$ oder $\frac{2\cdot 9}{3\cdot 9} + \frac{4\cdot 3}{9\cdot 3} = \frac{18}{27} + \frac{12}{27} = \frac{30}{27} = \frac{10}{9}$

b) gemeinsamer Nenner: 28

$\frac{5\cdot 4}{7\cdot 4} + \frac{3\cdot 7}{4\cdot 7} = \frac{20}{28} + \frac{21}{28} = \frac{41}{28}$

c) gemeinsamer Nenner: 40

$\frac{3\cdot 5}{8\cdot 5} + \frac{4\cdot 8}{5\cdot 8} = \frac{15}{40} + \frac{32}{40} = \frac{47}{40}$

d) gemeinsamer Nenner: 22

$\frac{1\cdot 11}{2\cdot 11} + \frac{4\cdot 2}{11\cdot 2} = \frac{11}{22} + \frac{8}{22} = \frac{19}{22}$

Aufgabe 11

a) gemeinsamer Nenner: 18

$\frac{4\cdot 3}{6\cdot 3} + \frac{5\cdot 2}{9\cdot 2} = \frac{12}{18} + \frac{10}{18} = \frac{22}{18} = \frac{11}{9}$

gemeinsamer Nenner: 36

$\frac{4\cdot 6}{6\cdot 6} + \frac{5\cdot 4}{9\cdot 4} = \frac{24}{36} + \frac{20}{36} = \frac{44}{36} = \frac{11}{9}$

b) gemeinsamer Nenner: 20

$\frac{7}{20} + \frac{1\cdot 10}{2\cdot 20} = \frac{7}{20} + \frac{10}{20} = \frac{17}{20}$

c) gemeinsamer Nenner: 28

$\frac{2\cdot 4}{7\cdot 4} + \frac{3}{28} = \frac{8}{28} + \frac{3}{28} = \frac{11}{28}$

d) gemeinsamer Nenner: 15

$\frac{2\cdot 3}{5\cdot 3} + \frac{7}{15} = \frac{6}{15} + \frac{7}{15} = \frac{13}{15}$

Aufgabe 12

a) gemeinsamer Nenner: 15

$\frac{4\cdot 3}{5\cdot 3} - \frac{1\cdot 5}{3\cdot 5} = \frac{12}{15} - \frac{5}{15} = \frac{7}{15}$

b) gemeinsamer Nenner: 24

$\frac{11\cdot 2}{12\cdot 2} - \frac{3\cdot 3}{8\cdot 3} = \frac{22}{24} - \frac{9}{24} = \frac{13}{24}$

c) gemeinsamer Nenner: 15

$\frac{11}{15} - \frac{3\cdot 3}{5\cdot 3} = \frac{11}{15} - \frac{9}{15} = \frac{2}{15}$

d) gemeinsamer Nenner: 24

$\frac{7\cdot 3}{8\cdot 3} - \frac{1\cdot 4}{6\cdot 4} = \frac{21}{24} - \frac{4}{24} = \frac{17}{24}$

Aufgabe 13

a) gemeinsamer Nenner: 100

$\frac{39\cdot 10}{10\cdot 10} - \frac{35}{100} = \frac{390}{100} - \frac{35}{100} = \frac{355}{100} = \frac{71}{20}$

b) gemeinsamer Nenner: 60

$\frac{19\cdot 3}{20\cdot 3} - \frac{5\cdot 2}{30\cdot 2} = \frac{57}{60} - \frac{10}{60} = \frac{47}{60}$

c) gemeinsamer Nenner: 48

$\frac{15\cdot 3}{16\cdot 3} - \frac{7\cdot 2}{24\cdot 2} = \frac{45}{48} - \frac{14}{48} = \frac{31}{48}$

d) gemeinsamer Nenner: 36

$\frac{11\cdot 4}{9\cdot 4} - \frac{5\cdot 3}{12\cdot 3} = \frac{44}{36} - \frac{15}{36} = \frac{29}{36}$

Aufgabe 14

KAA: $\frac{1}{3} + \frac{5}{8} + \frac{3}{4} = \frac{1\cdot 8}{3\cdot 8} + \frac{5\cdot 3}{8\cdot 3} + \frac{3\cdot 6}{4\cdot 6}$

$= \frac{8}{24} + \frac{15}{24} + \frac{18}{24} = \frac{41}{24}$

KAA hat $\frac{41}{24}$ kg gefressen.

BOA: $\frac{1\cdot 9}{4\cdot 9} + \frac{5\cdot 3}{12\cdot 3} + \frac{4\cdot 6}{6\cdot 6} + \frac{11\cdot 2}{18\cdot 2}$

$= \frac{9}{36} + \frac{15}{36} + \frac{24}{36} + \frac{22}{36} = \frac{70}{36} = \frac{35}{18}$

BOA hat $\frac{35}{18}$ kg gefressen.

Aufgabe 15

a) $\frac{7}{8} - \frac{1}{3} = \frac{7\cdot 3}{8\cdot 3} - \frac{1\cdot 8}{3\cdot 8} = \frac{21}{24} - \frac{8}{24} = \frac{13}{24} =$; also $\frac{1}{3} + \frac{13}{24} = \frac{7}{8}$

b) $\frac{2}{5} - \frac{1}{6} = \frac{2\cdot 6}{5\cdot 6} - \frac{1\cdot 5}{6\cdot 5} = \frac{12}{30} - \frac{5}{30} = \frac{7}{30} =$; also $\frac{1}{6} + \frac{7}{30} = \frac{3}{5}$

c) $\frac{21}{15} = \frac{7}{5}$; $\frac{7}{5} - \frac{5}{6} = \frac{7\cdot 6}{5\cdot 6} - \frac{5\cdot 5}{6\cdot 5} = \frac{42}{30} - \frac{25}{30} = \frac{17}{30} =$; also $\frac{21}{15} - \frac{17}{30} = \frac{5}{6}$

d) $\frac{12}{18} = \frac{2}{3}$; $\frac{2}{3} - \frac{3}{16} = \quad = \frac{2\cdot 16}{3\cdot 16} - \frac{3\cdot 3}{16\cdot 3} = \frac{32}{48} - \frac{9}{48} = \frac{23}{48}$; also $\frac{3}{16} + \frac{23}{48} = \frac{12}{18}$

e) $28 + 10 = 38 = 2\cdot 19$, also Nenner $2\cdot 4 = 8$, $\frac{28}{8} + \frac{10}{8} = \frac{38}{8} = \frac{19}{4}$

f) $\frac{48}{36} = \frac{4}{3}$; $\frac{48}{54} = \frac{8}{9}$; $\frac{4}{3} - \frac{8}{9} = \quad = \frac{4\cdot 3}{3\cdot 3} - \frac{8}{9} = \frac{12}{9} - \frac{8}{9} = \frac{4}{9}$; also $\frac{48}{36} - \frac{4}{9} = \frac{48}{54}$

Aufgabe 16

Rechne $\frac{3}{5}$ + „eine Zahl" und $\frac{3}{5}$ – „dieselbe Zahl", z. B.

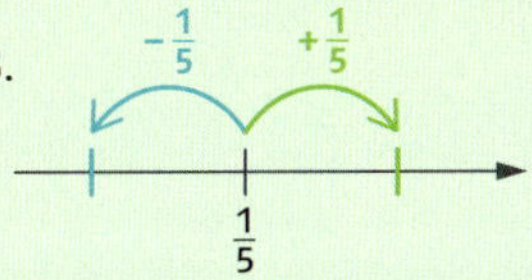

$\frac{3}{5}+\frac{1}{5}=\mathbf{\frac{4}{5}}$ und $\frac{3}{5}-\frac{1}{5}=\mathbf{\frac{2}{5}}$

$\frac{3}{5}+\frac{1}{10}=\mathbf{\frac{7}{10}}$ und $\frac{3}{5}-\frac{1}{10}=\mathbf{\frac{5}{10}}$

Aufgabe 17

a) Regel nicht beachtet, es wurden Zähler und Nenner einzeln subtrahiert.

$\frac{9}{8}-\frac{2}{3}=\frac{9\cdot 3}{8\cdot 3}-\frac{2\cdot 8}{3\cdot 8}=\frac{27}{24}-\frac{16}{24}=\frac{11}{24}$

b) $\frac{2}{3}$ wurde nicht richtig erweitert.

$\frac{4}{5}+\frac{2}{3}=\frac{4\cdot 3}{5\cdot 3}+\frac{2\cdot 5}{3\cdot 5}=\frac{12}{15}+\frac{10}{15}=\frac{22}{15}$

c) Regel nicht beachtet.

$\frac{3}{4}+\frac{2}{3}=\frac{3\cdot 3}{4\cdot 3}+\frac{2\cdot 4}{3\cdot 4}=\frac{9}{12}+\frac{8}{12}=\frac{17}{12}$

Aufgabe 18

a) $8\frac{7}{8}$ b) $7\frac{5}{6}$ c) $2\frac{6}{11}$ d) $8\frac{7}{12}$ e) $1\frac{39}{40}$ f) $12\frac{1}{6}$

Aufgabe 19

+	$2\frac{1}{2}$	$4\frac{2}{3}$	$5\frac{2}{5}$	$4\frac{3}{4}$
$2\frac{1}{2}$	5	$7\frac{1}{6}$	$7\frac{9}{10}$	$7\frac{1}{4}$
$4\frac{2}{3}$	$7\frac{1}{6}$	$9\frac{1}{3}$	$10\frac{1}{15}$	$9\frac{5}{12}$
$5\frac{2}{5}$	$7\frac{9}{10}$	$10\frac{1}{15}$	$10\frac{4}{5}$	$10\frac{3}{20}$
$4\frac{3}{4}$	$7\frac{1}{4}$	$9\frac{5}{12}$	$10\frac{3}{20}$	$9\frac{1}{2}$

–	$2\frac{1}{2}$	$1\frac{2}{3}$	$2\frac{2}{5}$	$1\frac{3}{4}$
$2\frac{1}{2}$	0	$\frac{5}{6}$	$\frac{1}{10}$	$\frac{3}{4}$
$4\frac{2}{3}$	$2\frac{1}{6}$	3	$2\frac{4}{15}$	$2\frac{11}{12}$
$5\frac{2}{5}$	$2\frac{9}{10}$	$3\frac{11}{15}$	3	$3\frac{13}{20}$
$4\frac{3}{4}$	$2\frac{1}{4}$	$3\frac{1}{12}$	$2\frac{7}{20}$	3

Aufgabe 20

$\frac{3}{4}+\frac{8}{5}+\frac{3}{2}+\frac{17}{8}+\frac{5}{4}=\frac{3}{4}+\frac{5}{4}+\frac{3}{2}+\frac{17}{8}+\frac{8}{5}=2+\frac{3\cdot 4}{2\cdot 4}+\frac{17}{8}+\frac{8}{5}$

$=2+\frac{29}{8}+\frac{8}{5}=2+\frac{29\cdot 5}{8\cdot 5}+\frac{8\cdot 8}{5\cdot 8}=2+\frac{145}{40}+\frac{64}{40}=2+\frac{209}{40}$

$=2+5\frac{9}{40}=\mathbf{7\frac{9}{40}}$

Addiere alle Mengen!

Berechne dann die Differenz zu 10.

Es bleiben von 10 l noch $2\frac{31}{40}$ l übrig.

Aufgabe 21

Addiere alle Anteile.

$\frac{3}{20} + \frac{1}{10} + \frac{1}{4} + \frac{1}{4} + \frac{2}{40} = \frac{3}{20} + \frac{2}{40} + \frac{1}{10} + \frac{2}{4} = \frac{3}{20} + \frac{1}{20} + \frac{2}{20} + \frac{10}{20}$

$= \frac{6}{20} + \frac{1 \cdot 10}{2 \cdot 10} = \frac{6}{20} + \frac{10}{20} = \frac{16}{20} = \frac{4}{5}$

Rest: $1 - \frac{16}{20} = \frac{20}{20} - \frac{16}{20} = \frac{4}{20} = \frac{1}{5}$

$\frac{1}{5}$ von 200 ml, also 40 ml Wasser müssen noch zugefügt werden.

Aufgabe 22

Addiere die Anteile: $\frac{2}{5} + \frac{1}{4} = \frac{2 \cdot 4}{5 \cdot 4} + \frac{1 \cdot 5}{4 \cdot 5} = \frac{8}{20} + \frac{5}{20} = \frac{13}{20}$

a) Es bleiben $\frac{7}{20}$ des Taschengeldes übrig.

b) Rechne $\frac{7}{20}$ von 10 €.

$\frac{1}{20}$ von 10 € sind 50 ct, also bleiben $7 \cdot 50$ ct = 350 ct = 3,50 € übrig.

Aufgabe 23

a) $\frac{2 \cdot 9}{5} = \frac{18}{5}$	b) $\frac{2 \cdot 3}{5} = \frac{6}{5}$	c) $\frac{5 \cdot 2}{7} = \frac{10}{7}$	d) $\frac{4 \cdot 5}{9} = \frac{20}{9}$
e) $\frac{10 \cdot 2}{3} = \frac{20}{3}$	f) $\frac{3 \cdot 9}{2} = \frac{27}{2}$	g) $\frac{11 \cdot 3}{4} = \frac{33}{4}$	h) $\frac{8 \cdot 4}{15} = \frac{32}{15}$

Aufgabe 24

a) $\frac{3 \cdot 6}{4} = \frac{3 \cdot 3}{2} = \frac{9}{2}$	b) $\frac{3 \cdot 4}{8} = \frac{3 \cdot 1}{2} = \frac{3}{2}$	c) $\frac{8 \cdot 5}{8} = \frac{1 \cdot 5}{1} = 5$	d) $\frac{11 \cdot 8}{48} = \frac{11 \cdot 1}{6} = \frac{11}{6}$
e) $\frac{7 \cdot 10}{20} = \frac{7 \cdot 1}{2} = \frac{7}{2}$	f) $\frac{7 \cdot 14}{10} = \frac{7 \cdot 7}{5} = \frac{49}{5}$	g) $\frac{4 \cdot 10}{5} = \frac{4 \cdot 2}{1} = 8$	h) $\frac{15 \cdot 3}{25} = \frac{3 \cdot 3}{5} = \frac{9}{5}$

Aufgabe 25

Rechne: $\frac{3}{4}\,l \cdot 6 = \frac{3 \cdot 6}{4}\,l = \frac{3 \cdot 3}{2}\,l = \frac{9}{2}\,l = 4\frac{1}{2}\,l$

In einem Kasten sind 4,5 l Saft.

Aufgabe 26

a) $\frac{17}{8} \cdot 20 = \frac{17 \cdot 20}{8} = \frac{17 \cdot 5}{2} = \frac{85}{2} = 42\frac{1}{2}$

Der Turm ist $42\frac{1}{2}$ mm hoch.

b) $8 \cdot \frac{3}{4} + \frac{3}{4} = \frac{8 \cdot 3}{4} + \frac{3}{4} = \frac{2 \cdot 3}{1} + \frac{3}{4} = 6 + \frac{3}{4} = 6\frac{3}{4}$

Sebastian ist $6\frac{3}{4}$ h in der Schule.

Aufgabe 27

a) Rechne $10 : 2 = 5$, also $5 \cdot \frac{2}{3} = \frac{10}{3}$

b) $\square = 28 : 4 = 7$

c) $\square = 3$, denn $3 \cdot \frac{2}{3} = \frac{3 \cdot 2}{3} = 2$

Aufgabe 28

a) $\frac{1}{4 \cdot 5} = \frac{1}{20}$ b) $\frac{2}{5 \cdot 3} = \frac{2}{15}$ c) $\frac{5}{8 \cdot 4} = \frac{5}{32}$ d) $\frac{5}{7 \cdot 2} = \frac{5}{14}$

e) $\frac{7}{8 \cdot 6} = \frac{7}{48}$ f) $\frac{9}{2 \cdot 8} = \frac{9}{16}$ g) $\frac{1}{3 \cdot 3} = \frac{1}{9}$ h) $\frac{2}{9 \cdot 9} = \frac{2}{81}$

Aufgabe 29

a) $\frac{15}{4 \cdot 5} = \frac{3}{4 \cdot 1} = \frac{3}{4}$ b) $\frac{8}{5 \cdot 4} = \frac{2}{5 \cdot 1} = \frac{2}{5}$ c) $\frac{14}{3 \cdot 20} = \frac{7}{3 \cdot 10} = \frac{7}{30}$ d) $\frac{2}{3 \cdot 6} = \frac{1}{3 \cdot 3} = \frac{1}{9}$

e) $\frac{21}{2 \cdot 9} = \frac{7}{2 \cdot 3} = \frac{7}{6}$ f) $\frac{28}{7 \cdot 8} = \frac{4}{1 \cdot 8} = \frac{1}{1 \cdot 2} = \frac{1}{2}$ g) $\frac{12}{5 \cdot 3} = \frac{4}{5 \cdot 1} = \frac{4}{5}$ h) $\frac{60}{25 \cdot 12} = \frac{5}{25 \cdot 1} = \frac{1}{5}$

Aufgabe 30

Rechne: $1\frac{1}{2} : 3 = \frac{3}{2} : 3 = \frac{3}{2 \cdot 3} = \frac{1}{2}$; jeder erhält $\frac{1}{2}$ l.

Aufgabe 31

a) $\square = 3 \cdot \frac{4}{15} = \frac{3 \cdot 4}{15} = \frac{1 \cdot 4}{5} = \frac{4}{5}$

b) $\square = \frac{12}{7} : 4 = \frac{12}{7 \cdot 4} = \frac{3}{7 \cdot 1} = \frac{3}{7}$

c) $\square = 2 : 10 = \frac{2}{1} : 10 = \frac{2}{1 \cdot 10} = \frac{2}{10} = \frac{1}{5}$

d) $\frac{4}{15} \cdot \square = \frac{4}{5}$; also $\square = 3$; also $\frac{4}{5} : 3 = \frac{4}{15}$

e) $\frac{3}{11} \cdot \square = \frac{6}{11}$; also $\square = 2$; also $\frac{6}{11} : 2 = \frac{3}{11}$

f) $\square = \frac{3}{8} \cdot 5 = \frac{3 \cdot 5}{8} = \frac{15}{8}$

Aufgabe 32

a) Kürze: $\frac{28}{52}$: $\frac{28 : 4}{52 : 4} = \frac{7}{13}$; also $\square = 13$

b) $\frac{6 : 2}{10 : 2} = \frac{3}{5}$; also $\frac{1}{5} \cdot \square = \frac{3}{5}$; also $\square = 3$

c) $\frac{2 \cdot 5}{\square} = \frac{5}{6}$; also $\square = 6 \cdot 2 = 12$

d) $\frac{12 : 3}{30 : 3} = \frac{4}{10}$; also $\square = 4$

Aufgabe 33

a) $\frac{2}{3} \cdot \frac{4}{5} = \frac{8}{15}$

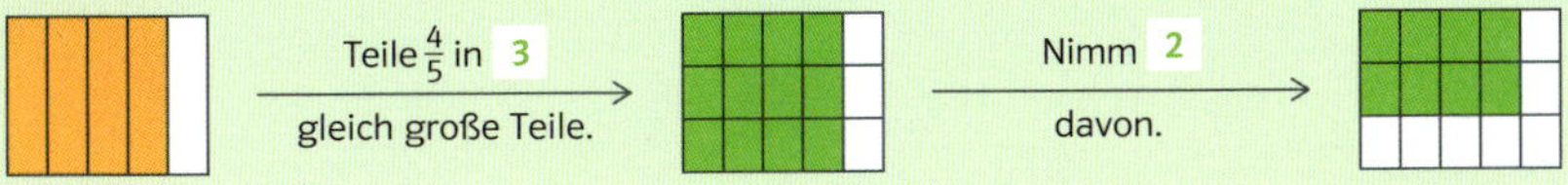

b) $\frac{3}{4} \cdot \frac{1}{6} = \frac{3}{24}$

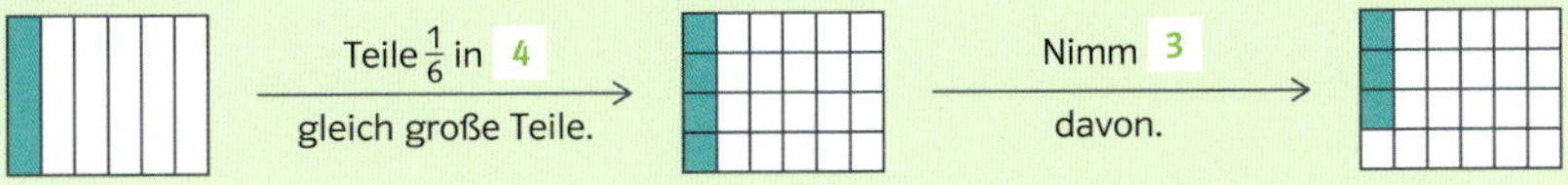

Aufgabe 34

a) $\frac{1\cdot 3}{7\cdot 4} = \frac{3}{28}$ b) $\frac{2\cdot 2}{5\cdot 3} = \frac{4}{15}$ c) $\frac{4\cdot 6}{5\cdot 7} = \frac{24}{35}$ d) $\frac{2\cdot 4}{3\cdot 5} = \frac{8}{15}$

e) $\frac{3\cdot 1}{5\cdot 5} = \frac{3}{25}$ f) $\frac{1\cdot 5}{6\cdot 4} = \frac{5}{24}$ g) $\frac{3\cdot 4}{7\cdot 11} = \frac{12}{77}$ h) $\frac{2\cdot 5}{9\cdot 7} = \frac{10}{63}$

Aufgabe 35

a) $\frac{3\cdot 2}{2\cdot 5} = \frac{3\cdot 1}{5\cdot 1} = \frac{3}{5}$ b) $\frac{2\cdot 1}{3\cdot 2} = \frac{1\cdot 1}{3\cdot 1} = \frac{1}{3}$ c) $\frac{5\cdot 6}{6\cdot 7} = \frac{5\cdot 1}{1\cdot 7} = \frac{5}{7}$ d) $\frac{5\cdot 9}{12\cdot 25} = \frac{1\cdot 3}{4\cdot 5} = \frac{3}{20}$

Aufgabe 36

a) $\frac{30\cdot 18}{20\cdot 45} = \frac{3\cdot 2}{2\cdot 5} = \frac{3\cdot 1}{1\cdot 5} = \frac{3}{5}$ b) $\frac{33\cdot 14}{26\cdot 88} = \frac{3\cdot 7}{13\cdot 8} = \frac{21}{104}$

c) $\frac{60\cdot 72}{48\cdot 45} = \frac{5\cdot 8}{4\cdot 5} = \frac{1\cdot 2}{1\cdot 1} = 2$ d) $\frac{81\cdot 34}{51\cdot 54} = \frac{9\cdot 2}{3\cdot 6} = \frac{3\cdot 1}{1\cdot 3} = 1$

Aufgabe 37

$\cdot$	$\frac{3}{10}$	$\frac{2}{3}$	$\frac{5}{8}$
$\frac{3}{4}$	$\frac{3\cdot 3}{4\cdot 10} = \frac{9}{40}$	$\frac{3\cdot 2}{4\cdot 3} = \frac{1}{2}$	$\frac{3\cdot 5}{4\cdot 8} = \frac{15}{32}$
$\frac{5}{6}$	$\frac{5\cdot 3}{6\cdot 10} = \frac{1}{4}$	$\frac{5\cdot 2}{6\cdot 3} = \frac{5}{9}$	$\frac{5\cdot 5}{6\cdot 8} = \frac{25}{48}$
$\frac{8}{5}$	$\frac{8\cdot 3}{5\cdot 10} = \frac{12}{25}$	$\frac{8\cdot 2}{5\cdot 3} = \frac{16}{15}$	$\frac{8\cdot 5}{5\cdot 8} = 1$

Aufgabe 38

a) $\frac{3}{8}\cdot\frac{5}{6} = \frac{3\cdot 5}{8\cdot 6} = \frac{1\cdot 5}{8\cdot 2} = \frac{5}{16}$ b) $\frac{3}{10}\cdot\frac{2}{9} = \frac{3\cdot 2}{10\cdot 9} = \frac{1\cdot 1}{5\cdot 3} = \frac{1}{15}$

c) $\frac{2}{3}\cdot\frac{9}{10} = \frac{2\cdot 9}{3\cdot 10} = \frac{1\cdot 3}{1\cdot 5} = \frac{3}{5}$ d) $\frac{5}{21}\cdot\frac{3}{5} = \frac{5\cdot 3}{21\cdot 5} = \frac{1\cdot 1}{7\cdot 1} = \frac{1}{7}$

e) $\frac{8}{5}\cdot\frac{1}{4} = \frac{8\cdot 1}{5\cdot 4} = \frac{2\cdot 1}{5\cdot 1} = \frac{2}{5}$ f) $\frac{5}{12}\cdot\frac{9}{20} = \frac{5\cdot 9}{12\cdot 20} = \frac{1\cdot 3}{4\cdot 4} = \frac{3}{16}$

g) $\frac{8}{9}\cdot\frac{3}{4} = \frac{8\cdot 3}{9\cdot 4} = \frac{2\cdot 1}{3\cdot 1} = \frac{2}{3}$ h) $\frac{8}{15}\cdot\frac{5}{24} = \frac{8\cdot 5}{15\cdot 24} = \frac{1\cdot 1}{3\cdot 3} = \frac{1}{9}$

Aufgabe 39

a) $\frac{2\cdot 14\cdot 9}{3\cdot 6\cdot 8} = \frac{1\cdot 14\cdot 3}{1\cdot 6\cdot 4} = \frac{1\cdot 7\cdot 1}{1\cdot 2\cdot 2} = \frac{7}{4}$ b) $\frac{4\cdot 4\cdot 4}{5\cdot 5\cdot 5} = \frac{64}{125}$

c) $\frac{1\cdot 2\cdot 3\cdot 4}{4\cdot 3\cdot 2\cdot 1} = 1$ d) $\frac{5\cdot 3\cdot 1}{2\cdot 4\cdot 1} = \frac{15}{8}$

Aufgabe 40

a) Regel nicht beachtet; hier wurde addiert.

$\frac{3 \cdot 2}{5 \cdot 5} = \frac{6}{25}$

b) Falsch gekürzt; es muss eine Zahl aus dem Zähler mit einer Zahl aus dem Nenner gekürzt werden.

$\frac{2 \cdot 4}{3 \cdot 9} = \frac{8}{27}$

c) Die ganze Zahl wird nur mit dem Zähler multipliziert.

$3 \cdot \frac{1}{5} = \frac{3 \cdot 1}{5} = \frac{3}{5}$

d) Es muss die ganze Zahl und der Bruch vervielfältig werden.

$2\frac{3}{4} \cdot 3 = \frac{11}{4} \cdot 3 = \frac{33}{4} = 8\frac{1}{4}$

Aufgabe 41

Achte darauf, dass deine Lösungen richtig multipliziert werden. Beispiele:

a) $\frac{8}{39} = \frac{2 \cdot 4}{3 \cdot 13} = \frac{2}{3} \cdot \frac{4}{13} = \frac{4}{3} \cdot \frac{2}{13}$

b) $\frac{32}{63} = \frac{4 \cdot 8}{7 \cdot 9} = \frac{4}{7} \cdot \frac{8}{9} = \frac{8}{7} \cdot \frac{4}{9}$

c) $\frac{40}{21} = \frac{2 \cdot 20}{3 \cdot 7} = \frac{2}{3} \cdot \frac{20}{7} = \frac{20}{3} \cdot \frac{2}{7}$ oder $\frac{40}{21} = \frac{4 \cdot 10}{3 \cdot 7} = \frac{4}{3} \cdot \frac{10}{7} = \frac{10}{3} \cdot \frac{4}{7}$

Aufgabe 42

a) Beispiel: $\frac{1}{4} \cdot \frac{1}{2} = \mathbf{\frac{1}{8}}$, $\frac{1}{4} : 2 = \frac{1}{4 \cdot 2} = \frac{1}{8}$

$\frac{1}{8} \cdot \frac{1}{2} = \mathbf{\frac{1}{16}}$

Das Produkt ist auch halb so groß.

b) $\frac{1}{4} \cdot \frac{1}{2} = \mathbf{\frac{1}{8}}$

$\frac{1}{4} \cdot 2 \cdot \frac{1}{2} \cdot 2 = \frac{2}{4} \cdot \frac{2}{2} = \mathbf{\frac{4}{8}}$

Das Produkt ist $2 \cdot 2 = 4$-mal so groß.

c) $\frac{1}{4} \cdot \frac{1}{2} = \mathbf{\frac{1}{8}}$

$\frac{1}{4} : 2 \cdot \frac{1}{2} \cdot 2 = \frac{1}{8} \cdot 1 = \mathbf{\frac{1}{8}}$

Das Produkt bleibt gleich groß.

d) $\frac{1}{4} \cdot \frac{1}{2} \cdot \frac{1}{8} = \mathbf{\frac{1}{64}}$

$\frac{1}{4} : 2 \cdot \frac{1}{2} : 2 \cdot \frac{1}{8} : 2$

$= \frac{1}{4 \cdot 2} \cdot \frac{1}{2 \cdot 2} \cdot \frac{1}{8 \cdot 2} = \frac{1}{4 \cdot 2 \cdot 8 \cdot 8}$

$= \frac{1}{64 \cdot 8} = \mathbf{\frac{1}{512}}$

Das Produkt ist also nur ein Achtel so groß.

Aufgabe 43

a) $2\frac{4}{6}\cdot 2\frac{1}{4} = \frac{16}{6}\cdot\frac{9}{4} = \frac{16\cdot 9}{6\cdot 4} = \frac{4\cdot 3}{2\cdot 1} = \frac{2\cdot 3}{1\cdot 1} = 6$

b) $2\frac{1}{3}\cdot 1\frac{1}{4} = \frac{7}{3}\cdot\frac{5}{4} = \frac{7\cdot 5}{3\cdot 4} = \frac{35}{12} = 2\frac{11}{12}$

c) $2\frac{1}{4}\cdot 1\frac{3}{5} = \frac{9}{4}\cdot\frac{8}{5} = \frac{9\cdot 8}{4\cdot 5} = \frac{9\cdot 2}{1\cdot 5} = \frac{18}{5} = 3\frac{3}{5}$

Aufgabe 44

a) $A = \frac{9}{4}\,\text{dm}\cdot\frac{8}{27}\,\text{dm} = \frac{9\cdot 8}{4\cdot 27}\,\text{dm}^2$

$= \frac{1\cdot 2}{1\cdot 3}\,\text{dm}^2 = \frac{2}{3}\,\text{dm}^2$

Für den Flächeninhalt eines Rechtecks gilt: A = Länge · Breite.

b) $A = \frac{2}{18}\,\text{m}\cdot\frac{9}{2}\,\text{m} = \frac{2\cdot 9}{18\cdot 2}\,\text{m}^2 = \frac{1\cdot 1}{2\cdot 1}\,\text{m}^2 = \frac{1}{2}\,\text{m}^2$

Aufgabe 45

a) $\frac{4}{3}$ b) $\frac{5}{2}$ c) $\frac{10}{7}$ d) $\frac{3}{1}$

Aufgabe 46

a) $\frac{1}{4}:\frac{2}{3} = \frac{1}{4}\cdot\frac{3}{2} = \frac{1\cdot 3}{4\cdot 2} = \frac{3}{8}$

b) $\frac{2}{5}:\frac{3}{4} = \frac{2}{5}\cdot\frac{4}{3} = \frac{2\cdot 4}{5\cdot 3} = \frac{8}{15}$

c) $\frac{4}{5}:\frac{1}{4} = \frac{4}{5}\cdot\frac{4}{1} = \frac{4\cdot 4}{5\cdot 1} = \frac{16}{5}$

d) $\frac{1}{2}:\frac{4}{3} = \frac{1}{2}\cdot\frac{3}{4} = \frac{1\cdot 3}{2\cdot 4} = \frac{3}{8}$

e) $\frac{7}{10}:\frac{5}{3} = \frac{7}{10}\cdot\frac{3}{5} = \frac{7\cdot 3}{10\cdot 5} = \frac{21}{50}$

f) $\frac{1}{7}:\frac{4}{3} = \frac{1}{7}\cdot\frac{3}{4} = \frac{1\cdot 3}{7\cdot 4} = \frac{3}{28}$

g) $\frac{2}{5}:\frac{3}{2} = \frac{2}{5}\cdot\frac{2}{3} = \frac{2\cdot 2}{5\cdot 3} = \frac{4}{15}$

h) $\frac{2}{3}:\frac{9}{8} = \frac{2}{3}\cdot\frac{8}{9} = \frac{2\cdot 8}{3\cdot 9} = \frac{16}{27}$

Aufgabe 47

a) $\frac{3}{4}:\frac{1}{8} = \frac{3}{4}\cdot\frac{8}{1} = \frac{3\cdot 2}{1\cdot 1} = 6$

b) $\frac{16}{15}:\frac{4}{21} = \frac{16}{15}\cdot\frac{21}{4} = \frac{16\cdot 21}{15\cdot 4} = \frac{4\cdot 7}{5\cdot 1} = \frac{28}{5}$

c) $\frac{3}{4}:\frac{6}{2} = \frac{3}{4}\cdot\frac{2}{6} = \frac{3\cdot 2}{4\cdot 6} = \frac{1}{4}$

d) $\frac{17}{52}:\frac{51}{13} = \frac{17}{52}\cdot\frac{13}{51} = \frac{17\cdot 13}{52\cdot 51} = \frac{1\cdot 1}{4\cdot 3} = \frac{1}{12}$

e) $\frac{3}{10}:\frac{9}{15} = \frac{3}{10}\cdot\frac{15}{9} = \frac{3\cdot 15}{10\cdot 9} = \frac{1\cdot 3}{2\cdot 3} = \frac{1}{2}$

f) $\frac{4}{5}:\frac{1}{8} = \frac{4}{5}\cdot\frac{8}{1} = \frac{4\cdot 8}{5\cdot 1} = \frac{32}{5}$

g) $\frac{18}{14}:\frac{6}{28} = \frac{18}{14}\cdot\frac{28}{6} = \frac{18\cdot 28}{14\cdot 6} = \frac{3\cdot 2}{1\cdot 1} = 6$

h) $\frac{49}{36}:\frac{21}{45} = \frac{49}{36}\cdot\frac{45}{21} = \frac{49\cdot 45}{36\cdot 21} = \frac{7\cdot 5}{4\cdot 3} = \frac{35}{12}$

i) $\frac{8}{9}:\frac{4}{27} = \frac{8}{9}\cdot\frac{27}{4} = \frac{8\cdot 27}{9\cdot 4} = \frac{2\cdot 3}{1\cdot 1} = 6$

j) $\frac{44}{56}:\frac{55}{70} = \frac{44}{56}\cdot\frac{70}{55} = \frac{44\cdot 70}{56\cdot 55} = \frac{4\cdot 10}{8\cdot 5} = \frac{1\cdot 2}{2\cdot 1} = 1$

k) $\frac{4}{9}:\frac{2}{3} = \frac{4}{9}\cdot\frac{3}{2} = \frac{4\cdot 3}{9\cdot 2} = \frac{2\cdot 1}{3\cdot 1} = \frac{2}{3}$

l) $\frac{8}{9}:\frac{8}{9} = 1$

Aufgabe 48

a) $\frac{9}{8}:\frac{4}{5} = \frac{9}{8}\cdot\frac{5}{4} = \frac{9\cdot 5}{8\cdot 4} = \frac{45}{32}$

b) $\frac{3}{4}:\frac{5}{7} = \frac{3}{4}\cdot\frac{7}{5} = \frac{3\cdot 7}{4\cdot 5} = \frac{21}{20}$

c) $\frac{2}{5}:\frac{7}{4} = \frac{2}{5}\cdot\frac{4}{7} = \frac{2\cdot 4}{5\cdot 7} = \frac{8}{25}$

d) $\frac{2}{3}:\frac{4}{5} = \frac{2}{3}\cdot\frac{5}{4} = \frac{2\cdot 5}{3\cdot 4} = \frac{1\cdot 5}{3\cdot 2} = \frac{5}{6}$

Aufgabe 49

a)

:	$\frac{1}{2}$	$\frac{2}{3}$	$\frac{3}{4}$	$\frac{4}{5}$	$\frac{5}{8}$
$\frac{4}{7}$	$\frac{4}{7}\cdot\frac{2}{1}=\frac{8}{7}$	$\frac{4}{7}\cdot\frac{3}{2}=\frac{6}{7}$	$\frac{4}{7}\cdot\frac{4}{3}=\frac{16}{21}$	$\frac{4}{7}\cdot\frac{5}{4}=\frac{5}{7}$	$\frac{4}{7}\cdot\frac{8}{5}=\frac{32}{35}$
$\frac{4}{5}$	$\frac{4}{5}\cdot\frac{2}{1}=\frac{8}{5}$	$\frac{4}{5}\cdot\frac{3}{2}=\frac{6}{5}$	$\frac{4}{5}\cdot\frac{4}{3}=\frac{16}{15}$	$\frac{4}{5}\cdot\frac{5}{4}=1$	$\frac{4}{5}\cdot\frac{8}{5}=\frac{32}{25}$
$\frac{7}{3}$	$\frac{7}{3}\cdot\frac{2}{1}=\frac{14}{3}$	$\frac{7}{3}\cdot\frac{3}{2}=\frac{7}{2}$	$\frac{7}{3}\cdot\frac{4}{3}=\frac{28}{9}$	$\frac{7}{3}\cdot\frac{5}{4}=\frac{35}{12}$	$\frac{7}{3}\cdot\frac{8}{5}=\frac{56}{15}$
$\frac{6}{8}$	$\frac{6}{8}\cdot\frac{2}{1}=\frac{6}{4}$	$\frac{6}{8}\cdot\frac{3}{2}=\frac{9}{8}$	$\frac{6}{8}\cdot\frac{4}{3}=1$	$\frac{6}{8}\cdot\frac{5}{4}=\frac{15}{16}$	$\frac{6}{8}\cdot\frac{8}{5}=\frac{6}{5}$

b)

:	$\frac{4}{3}$	$\frac{5}{6}$	$\frac{3}{8}$	$\frac{15}{12}$	$\frac{25}{12}$
$\frac{1}{2}$	$\frac{1}{2}\cdot\frac{3}{4}=\frac{3}{8}$	$\frac{1}{2}\cdot\frac{6}{5}=\frac{3}{5}$	$\frac{1}{2}\cdot\frac{8}{3}=\frac{4}{3}$	$\frac{1}{2}\cdot\frac{12}{15}=\frac{2}{5}$	$\frac{1}{2}\cdot\frac{12}{25}=\frac{6}{25}$
$\frac{5}{4}$	$\frac{5}{4}\cdot\frac{3}{4}=\frac{15}{16}$	$\frac{5}{4}\cdot\frac{6}{5}=\frac{3}{2}$	$\frac{5}{4}\cdot\frac{8}{3}=\frac{10}{3}$	$\frac{5}{4}\cdot\frac{12}{15}=1$	$\frac{5}{4}\cdot\frac{12}{25}=\frac{3}{5}$
$\frac{9}{8}$	$\frac{9}{8}\cdot\frac{3}{4}=\frac{27}{32}$	$\frac{9}{8}\cdot\frac{6}{5}=\frac{27}{20}$	$\frac{9}{8}\cdot\frac{8}{3}=3$	$\frac{9}{8}\cdot\frac{12}{15}=\frac{9}{10}$	$\frac{9}{8}\cdot\frac{12}{25}=\frac{27}{50}$
$\frac{2}{3}$	$\frac{2}{3}\cdot\frac{3}{4}=\frac{1}{2}$	$\frac{2}{3}\cdot\frac{6}{5}=\frac{4}{5}$	$\frac{2}{3}\cdot\frac{8}{3}=\frac{16}{9}$	$\frac{2}{3}\cdot\frac{12}{15}=\frac{8}{15}$	$\frac{2}{3}\cdot\frac{12}{25}=\frac{8}{25}$

Aufgabe 50

a) $\frac{3}{5} : \frac{9}{20} = \quad = \frac{3}{5}\cdot\frac{20}{9} = \frac{3\cdot 20}{5\cdot 9} = \frac{1\cdot 4}{1\cdot 3} = \mathbf{\frac{4}{3}}$

b) $\frac{3}{2}\cdot\frac{4}{15} = \quad = \frac{3\cdot 4}{2\cdot 15} = \mathbf{\frac{2}{5}}$

c) $\frac{28}{15}\cdot\frac{5}{7} = \quad = \frac{28\cdot 5}{15\cdot 7} = \mathbf{\frac{4}{3}}$

d) $\frac{3}{8} : \frac{33}{56} = \quad = \frac{3}{8}\cdot\frac{56}{33} = \mathbf{\frac{7}{11}}$

Aufgabe 51

a) $\frac{8}{5} : 3\frac{1}{25} = \frac{8}{5} : \frac{76}{25} = \frac{8}{5}\cdot\frac{25}{76} = \frac{10}{19}$

b) $4\frac{1}{6} : 1\frac{1}{2} = \frac{25}{6} : \frac{3}{2} = \frac{25}{6}\cdot\frac{2}{3} = \frac{25}{9} = 2\frac{7}{9}$

c) $3\frac{3}{5} : \frac{3}{5} = \frac{18}{5}\cdot\frac{5}{3} = 6$

Aufgabe 52

a) $5\frac{3}{5} : 2\frac{2}{5} = \quad = \frac{28}{5} : \frac{12}{5} = \frac{28}{5}\cdot\frac{5}{12} = \mathbf{\frac{7}{3}}$

b) $3\frac{3}{4} : 5\frac{1}{4} = \quad = \frac{15}{4} : \frac{21}{4} = \frac{15}{4}\cdot\frac{4}{21} = \mathbf{\frac{5}{7}}$

c) $2\frac{1}{2} : 1\frac{3}{7} = \quad = \frac{5}{2} : \frac{10}{7} = \frac{5}{2}\cdot\frac{7}{10} = \mathbf{\frac{7}{4}}$

d) $3\frac{1}{5}\cdot 1\frac{1}{24} = \quad = \frac{16}{5}\cdot\frac{25}{24} = \mathbf{\frac{10}{3}}$

Aufgabe 53

a) Ergebnis möglichst groß heißt großer Zähler, also $4\cdot 3$, und kleiner Nenner, also $1\cdot 2$, deshalb $\frac{4}{1} : \frac{2}{3}$ oder $\frac{3}{1} : \frac{2}{4}$

b) Ergebnis möglichst klein heißt kleiner Zähler, also $1\cdot 2$, und großer Nenner, also $4\cdot 3$, deshalb $\frac{1}{4} : \frac{3}{2}$ oder $\frac{2}{4} : \frac{3}{1}$

Aufgabe 54

a) $\frac{1}{4} + \frac{3}{4} + \frac{2}{5}$
$= \frac{4}{4} + \frac{2}{5}$
$= 1 + \frac{2}{5}$
$= \frac{7}{5}$

b) $\frac{2}{3} + \frac{2}{3} + \frac{2}{9}$
$= \frac{4}{3} + \frac{2}{9}$
$= \frac{4 \cdot 3}{3 \cdot 3} + \frac{2}{9}$
$= \frac{14}{9}$

c) $\frac{3}{2} + \frac{1}{2} + \frac{3}{7}$
$= \frac{4}{2} + \frac{3}{7}$
$= 2 + \frac{3}{7}$
$= \frac{17}{7}$

d) $\frac{5}{6} - \frac{1}{6} + \frac{3}{4}$
$= \frac{4}{6} + \frac{3}{4}$
$= \frac{4 \cdot 2}{6 \cdot 2} + \frac{3 \cdot 3}{4 \cdot 3}$
$= \frac{17}{12}$

e) $\frac{8}{15} - \frac{4}{15} + \frac{3}{10} + \frac{1}{10}$
$= \frac{4}{15} + \frac{4}{10}$
$= \frac{4}{15} + \frac{2}{5}$
$= \frac{4}{15} + \frac{2 \cdot 3}{5 \cdot 3}$
$= \frac{10}{15} = \frac{2}{3}$

f) $\frac{9}{8} - \frac{3}{8} + \frac{1}{4} - \frac{1}{4}$
$= \frac{6}{8} + 0$
$= \frac{6}{8}$
$= \frac{3}{4}$

Aufgabe 55

a) $\frac{\overset{1}{\cancel{2}} \cdot \overset{7}{\cancel{14}} \cdot \overset{3}{\cancel{9}}}{\underset{1}{\cancel{3}} \cdot \underset{3}{\cancel{6}} \cdot \underset{4}{\cancel{8}}} = \frac{7}{4}$

b) $\frac{1 \cdot \cancel{2} \cdot \cancel{3} \cdot \cancel{4}}{\cancel{4} \cdot \cancel{3} \cdot \cancel{2} \cdot 1} = 1$

c) $\frac{5}{2} \cdot \frac{4}{15} \cdot \frac{3}{4} = \frac{\cancel{5} \cdot \cancel{4} \cdot \cancel{3}}{2 \cdot \cancel{15} \cdot \cancel{4}} = \frac{1}{2}$

Aufgabe 56

a) $\frac{3}{5} \cdot \frac{5}{8} - \frac{1}{4}$
$= \frac{3}{8} - \frac{1}{4}$
$= \frac{3}{8} - \frac{1 \cdot 2}{4 \cdot 2}$
$= \frac{1}{8}$

b) $\frac{3}{4} - \frac{3}{4} \cdot \frac{2}{3}$
$= \frac{3}{4} - \frac{1}{2}$
$= \frac{1}{4}$

c) $\frac{5}{3} - \frac{2}{9} \cdot \frac{3}{4}$
$= \frac{5}{3} - \frac{1}{6}$
$= \frac{9}{6} = \frac{3}{2}$

d) $\frac{1}{4} + \frac{3}{4} : \frac{2}{3}$
$= \frac{1}{4} + \frac{9}{8}$
$= \frac{11}{8}$

e) $\frac{7}{10} + \frac{1}{6} \cdot \frac{3}{5}$
$= \frac{7}{10} + \frac{1}{10}$
$= \frac{8}{10} = \frac{4}{5}$

f) $\frac{7}{4} - \frac{5}{6} \cdot \frac{3}{2}$
$= \frac{7}{4} - \frac{5}{4}$
$= \frac{2}{4} = \frac{1}{2}$

Aufgabe 57

a) $\frac{6}{5} - \left(\frac{3}{4} \cdot \frac{8}{25}\right)$
$= \frac{6}{5} - \frac{6}{25}$
$= \frac{24}{25}$

b) $\left(\frac{3}{8} \cdot \frac{20}{9}\right) - \frac{2}{3}$
$= \frac{5}{6} - \frac{2}{3}$
$= \frac{1}{6}$

c) $\frac{1}{2} + \left(\frac{2}{3} : \frac{4}{3}\right)$
$= \frac{1}{2} + \frac{1}{2}$
$= 1$

d) $\left(\frac{1}{2} \cdot \frac{4}{3}\right) + \frac{1}{3}$
$= \frac{2}{3} + \frac{1}{3}$
$= 1$

e) $\left(\frac{5}{4} \cdot \frac{3}{5}\right) - \left(\frac{9}{8} \cdot \frac{2}{3}\right)$
$= \frac{3}{4} - \frac{3}{4}$
$= 0$

f) $\frac{11}{12} - \left(\frac{1}{2} \cdot \frac{5}{3}\right)$
$= \frac{11}{12} - \frac{5}{6}$
$= \frac{1}{12}$

Aufgabe 58

a) $\frac{\cancel{3}^1 \cdot 5 \cdot \cancel{2}^1}{\cancel{4}_2 \cdot 8 \cdot \cancel{3}_1} = \frac{5}{16}$

b) $\left(\frac{5}{9} + \frac{2}{3}\right) \cdot \frac{3}{10}$
$= \frac{11}{9} \cdot \frac{3}{10}$
$= \frac{11}{30}$

c) $\frac{7}{3} + \frac{3}{8} \cdot \frac{4}{9}$
$= \frac{7}{3} + \frac{1}{6}$
$= \frac{15}{6} = \frac{5}{2}$

d) $\frac{3}{4} + \frac{5}{6} \cdot \frac{3}{2}$
$= \frac{3}{4} + \frac{5}{4}$
$= 2$

e) $\frac{4}{3} - \frac{8}{15} \cdot \frac{5}{4}$
$= \frac{4}{3} - \frac{2}{3}$
$= \frac{2}{3}$

f) $\frac{4}{15} + \frac{8}{15} + \frac{2}{5}$
$= \frac{12}{15} + \frac{2}{5}$
$= \frac{4}{5} + \frac{2}{5}$
$= \frac{6}{5}$

Aufgabe 59

a) $\frac{9}{2} \cdot \frac{4}{15} + \left(\frac{7}{10} - \frac{1}{5}\right) = \frac{17}{10}$

b) $\left(\frac{1}{4} + \frac{5}{8}\right) + \frac{9}{20} : \frac{2}{5} = 2$

c) $5 : 8 \cdot \left(\frac{7}{3} - \frac{4}{5}\right) = \frac{23}{24}$

Aufgabe 60

a) $\frac{3}{4} \cdot \left(\frac{7}{10} - \frac{3}{10}\right) + \frac{7}{10} = 1$

b) $\frac{2}{3} + 3 \cdot \left(\frac{3}{4} - \frac{1}{4}\right) = \frac{13}{6}$

c) $\left(\frac{5}{6} + \frac{1}{2}\right) \cdot \left(\frac{5}{4} - \frac{7}{8}\right) = \frac{1}{2}$

Aufgabe 61

a) $\frac{1}{4} + \frac{2}{3} \cdot \frac{6}{8} = \frac{1}{4} + \frac{1}{2} = \frac{3}{4}$

b) $\frac{20}{15} : \frac{5}{18} + \frac{1}{3} = \frac{4}{3} \cdot \frac{18}{5} + \frac{1}{3} = \frac{24}{5} + \frac{1}{3} = \frac{77}{15}$

Aufgabe 62

a) $\frac{5}{8} \cdot \left(\frac{7}{5} - \frac{2}{3}\right) = \mathbf{\frac{5}{8}} \cdot \frac{7}{5} - \mathbf{\frac{5}{8}} \cdot \frac{2}{3}$
$= \frac{7}{8} - \frac{10}{24} = \frac{21}{24} - \frac{10}{24} = \frac{11}{24}$

b) $\left(\frac{8}{5} - \frac{2}{9}\right) \cdot \frac{3}{8} = \frac{3}{8} \cdot \mathbf{\frac{8}{5}} - \frac{3}{8} \cdot \mathbf{\frac{2}{9}}$
$= \frac{3}{5} - \frac{1}{12} = \frac{36}{60} - \frac{5}{60} = \frac{31}{60}$

Aufgabe 63

a) $\underbrace{\frac{5}{4} \cdot \frac{2}{5}}_{\frac{1}{2}} + \underbrace{\frac{5}{4} \cdot \frac{8}{15}}_{\frac{2}{3}} = \frac{7}{6}$

b) $\underbrace{\frac{4}{3} \cdot \frac{1}{2}}_{\frac{2}{3}} - \underbrace{\frac{2}{3} \cdot \frac{1}{2}}_{\frac{1}{3}} = \frac{1}{3}$

c) $\underbrace{\frac{7}{10} \cdot 5}_{\frac{7}{2}} + \underbrace{\frac{1}{20} \cdot 5}_{\frac{1}{4}} = \frac{15}{4}$

Aufgabe 64

a) $\frac{4}{7} \cdot \left(\frac{3}{11} + \frac{8}{11}\right)$
$= \frac{4}{7} \cdot 1 = \frac{4}{7}$

b) $\frac{1}{6} \cdot \left(\frac{10}{9} - \frac{1}{9}\right)$
$= \frac{1}{6} \cdot 1 = \frac{1}{6}$

c) $\frac{4}{5} \cdot \left(\frac{4}{7} + \frac{6}{7}\right)$
$= \frac{4}{5} \cdot \frac{10}{7} = \frac{8}{7}$

Aufgabe 65

a) $\frac{2}{3} \cdot \left(\frac{9}{4} + \frac{5}{4}\right)$
$= \frac{2}{3} \cdot \frac{14}{4}$
$= \frac{7}{3}$

b) $\left(\frac{5}{7} - \frac{1}{21}\right) \cdot \frac{1}{2}$
$= \frac{14}{21} \cdot \frac{1}{2}$
$= \frac{7}{21} = \frac{1}{3}$

c) $\frac{3}{4} \cdot \frac{1}{3} - \frac{3}{5} \cdot \frac{1}{3}$
$= \frac{1}{4} - \frac{1}{5}$
$= \frac{1}{20}$

d) $\frac{2}{5} \cdot \left(\frac{4}{5} - \frac{3}{10}\right)$
$= \frac{2}{5} \cdot \frac{5}{10}$
$= \frac{1}{5}$

e) $\frac{2}{9} \cdot \left(\frac{2}{5} + \frac{1}{10}\right)$
$= \frac{2}{9} \cdot \frac{5}{10}$
$= \frac{1}{9}$

f) $\frac{2}{7} \cdot \left(\frac{4}{3} - \frac{1}{3}\right)$
$= \frac{2}{7} \cdot 1$
$= \frac{2}{7}$

Lösungen zum Abschlusskompetenzcheck

	Lösung
1	a) $\frac{11+14}{35} = \frac{25}{35} = \frac{5}{7}$ b) $\frac{7-5}{6} = \frac{2}{6} = \frac{1}{3}$ c) $\frac{23-13}{20} = \frac{10}{20} = \frac{1}{2}$
2	a) $\frac{3}{4} + \frac{1}{6}$ ☐ $\frac{4}{10}$ ☒ $\frac{11}{12}$ ☒ $\frac{22}{24}$ ☐ $\frac{2}{5}$ b) $\frac{17}{20} - \frac{3}{4}$ ☒ $\frac{1}{10}$ ☐ $\frac{14}{16}$ ☐ $\frac{7}{8}$ ☒ $\frac{2}{20}$ c) $\square - \frac{1}{6} = \frac{4}{3}$ ☐ $\frac{5}{9}$ ☒ $\frac{9}{6}$ ☒ $\frac{3}{2}$ ☐ $\frac{5}{3}$ d) $\frac{7}{12} + \square = \frac{5}{4}$ ☒ $\frac{2}{3}$ ☐ $\frac{2}{8}$ ☒ $\frac{8}{12}$ ☒ $\frac{4}{6}$ e) $\frac{1}{4} + \frac{1}{5} + \frac{1}{5} + \frac{1}{3} = \frac{1}{4} + \frac{2}{5} + \frac{1}{3} = \frac{15}{60} + \frac{24}{60} + \frac{20}{60} = \frac{59}{60}$ Das Geld reicht ganz knapp nicht.
3	a) $\frac{23}{4} + \frac{5}{2} = \frac{33}{4} = 8\,\frac{1}{4}$ b) $\frac{43}{6} - \frac{22}{9} = \frac{129}{18} - \frac{44}{18} = \frac{85}{18} = 4\,\frac{13}{18}$ c) $\frac{11}{3} + \frac{19}{4} = \frac{44}{12} + \frac{57}{12} = \frac{101}{12} = 8\,\frac{5}{12}$
4	a) $\frac{5\cdot 4}{8} = \frac{5}{2}$ b) $\frac{6\cdot 2}{9} = \frac{4}{3}$ c) $\frac{2}{3\cdot 5} = \frac{2}{15}$ d) $\frac{12}{16\cdot 3} = \frac{1}{4}$
5	a) $\frac{1\cdot 5}{6\cdot 3} = \frac{5}{18}$ b) $\frac{3\cdot 8}{20\cdot 9} = \frac{2}{15}$ c) $\frac{2}{3}\cdot\frac{3}{4} = \frac{1}{2}$
6	a) $\frac{2}{9}\cdot\frac{3}{4} = \frac{1}{6} = \frac{3}{18}$ ☒ $\frac{3}{18}$ ☐ $\frac{8}{27}$ ☒ $\frac{1}{6}$ ☐ $\frac{5}{13}$ b) $\frac{1}{2} : \frac{3}{4} = \frac{1}{2}\cdot\frac{4}{3} = \frac{2}{3}$ ☐ $\frac{3}{2}$ ☒ $\frac{2}{3}$ ☐ $\frac{3}{8}$ ☐ $\frac{8}{3}$
7	a) $\frac{1}{6} : \frac{3}{8} = \frac{1}{6}\cdot\frac{8}{3} = \frac{4}{9}$; also $\frac{3}{8}\cdot\frac{4}{9} = \frac{1}{6}$ b) $\frac{12}{25}\cdot\square = \frac{8}{15}$; also $\frac{8}{15} : \frac{12}{25} = \frac{\cancel{8}^{2}}{\cancel{15}_{3}}\cdot\frac{\cancel{25}^{5}}{\cancel{12}_{3}} = \frac{10}{9}$; also $\frac{8}{15} : \frac{10}{9} = \frac{12}{25}$
8	a) $\frac{3}{4}\cdot\left(\frac{5}{3} + \frac{2}{6}\right)$ $= \frac{3}{4}\cdot\left(\frac{5}{3} + \frac{1}{3}\right)$ $= \frac{3}{4}\cdot\frac{6}{3}$ $= \frac{3}{4}\cdot 2 = \frac{3}{2}$ b) $\frac{11}{12} - \frac{2}{3}\cdot\frac{3}{4}$ $= \frac{11}{12} - \frac{1}{2}$ $= \frac{11}{12} - \frac{6}{12}$ $= \frac{5}{12}$ c) $\frac{3}{4}\cdot\frac{2}{9} + \frac{2}{5}\cdot\frac{5}{8}$ $= \frac{1}{6} + \frac{1}{4}$ $= \frac{2}{12} + \frac{3}{12} = \frac{5}{12}$

3 Dezimale Schreibweise für Brüche – Dezimalbrüche

Kompetenzcheck
Dezimalbrüche

Aufgabe 1

a) 0,35 b) 1,02 c) 10,203

Aufgabe 2

a) $0{,}7 = \frac{7}{10}$ b) $0{,}51 = \frac{51}{100}$ c) $0{,}123 = \frac{123}{1000}$ d) $0{,}097 = \frac{97}{1000}$ e) $10{,}11 = \frac{1011}{100}$

Aufgabe 3

a) $\frac{3}{10} = 0{,}3$ b) $\frac{52}{100} = 0{,}52$ c) $\frac{9}{1000} = 0{,}009$ d) $\frac{456}{100} = 4{,}56$

Aufgabe 4

a) $\frac{2}{5} = \frac{2 \cdot 2}{5 \cdot 2} = \frac{4}{10} = 0{,}4$ b) $\frac{17}{20} = \frac{17 \cdot 5}{20 \cdot 5} = \frac{85}{100} = 0{,}85$

c) $\frac{9}{25} = \frac{9 \cdot 4}{25 \cdot 4} = \frac{36}{100} = 0{,}36$ d) $\frac{16}{40} = \frac{4}{10} = 0{,}4$

Kompetenzcheck
Dezimalbrüche auf der Zahlengeraden am Zahlenstrahl

Aufgabe 1

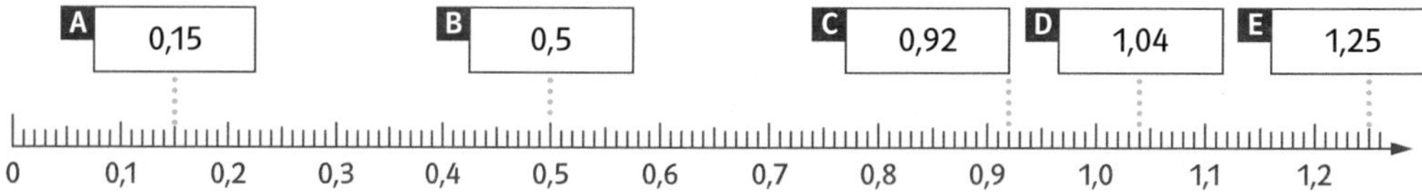

Aufgabe 2

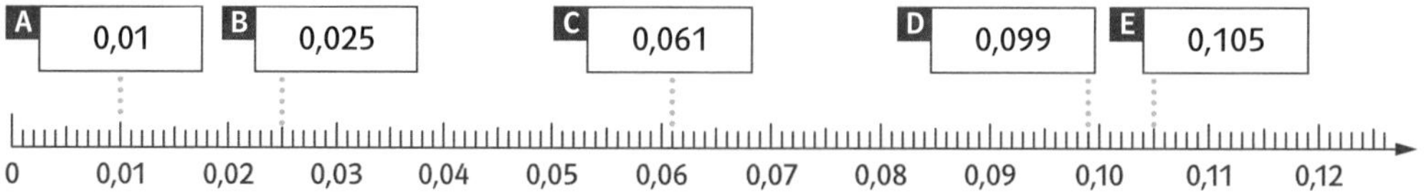

Kompetenzcheck
Dezimalbrüche vergleichen und ordnen

Aufgabe 1

a) $0{,}67 < 0{,}76$ b) $1{,}20 > 1{,}02$ c) $0{,}723 < 0{,}732$ d) $0{,}2 = 0{,}20$

Aufgabe 2

$0{,}02 < 0{,}07 < 0{,}2 < 0{,}25 < 0{,}72 < 2{,}25 < 2{,}52$

Kompetenzcheck
Dezimalbrüche runden und Dezimalbrüche bei Größen

Aufgabe 1

a) 15,2 cm = 1,52 dm b) 0,52 g = 520 mg c) 2,7 t = 2700 kg

Aufgabe 2

a) $0{,}70567 \approx 0{,}71$
b) $1{,}2304 \approx 1{,}2$
c) $2{,}9807 \approx 2{,}981$

Aufgabe 3

a) 1,234 b) 0,45

Aufgabe 1

a) 2,05 b) 30,709 c) 105,49 d) 0,038

Aufgabe 2

a) 2,06 b) 22,06 c) 0,26 d) 0,206

Aufgabe 3

a) $\frac{101}{1000}$ b) $\frac{99}{100}$ c) $\frac{7}{1000}$ d) $\frac{1237}{1000}$

e) $\frac{7}{100}$ f) $\frac{13}{10}$ g) $\frac{93}{1000}$ h) $\frac{1303}{100}$

Aufgabe 4

a) $\frac{8}{10} = \frac{4}{5}$ b) $\frac{15}{10} = \frac{3}{2}$ c) $\frac{52}{10} = \frac{26}{5}$ d) $\frac{4}{100} = \frac{2}{50} = \frac{1}{25}$

e) $\frac{56}{100} = \frac{28}{50} = \frac{14}{25}$ f) $\frac{234}{100} = \frac{117}{50}$ g) $\frac{1505}{100} = \frac{301}{20}$ h) $\frac{25}{1000} = \frac{1}{40}$

Aufgabe 5

a) 0,2 b) 0,23 c) 0,082 d) 12,3
e) 2,07 f) 0,003 g) 12,34 h) 98,7

Aufgabe 6

a) $\frac{1}{4} = \frac{25}{100} = 0{,}25$ b) $\frac{3}{5} = \frac{6}{10} = 0{,}6$ c) $\frac{1}{2} = \frac{5}{10} = 0{,}5$ d) $\frac{4}{10} = 0{,}4$

e) $\frac{13}{20} = \frac{65}{100} = 0{,}65$ f) $\frac{2}{25} = \frac{8}{100} = 0{,}08$ g) $\frac{7}{8} = \frac{875}{1000} = 0{,}875$ h) $\frac{7}{200} = \frac{35}{1000} = 0{,}035$

Aufgabe 7

a) $\frac{63}{300} = \frac{21}{100} = 0{,}21$ b) $\frac{21}{35} = \frac{3}{5} = \frac{6}{10} = 0{,}6$

c) $\frac{16}{40} = \frac{4}{10} = 0{,}4$ d) $\frac{24}{30} = \frac{4}{5} = \frac{8}{10} = 0{,}8$

e) $\frac{8}{200} = \frac{4}{100} = 0{,}04$ f) $\frac{364}{400} = \frac{91}{100} = 0{,}91$

g) $\frac{150}{750} = \frac{15}{75} = \frac{1}{5} = \frac{2}{10} = 0{,}2$ h) $\frac{12}{800} = \frac{3}{200} = \frac{15}{1000} = 0{,}015$

Aufgabe 8

a) 0,500 = 0,5 b) 0,0830 = 0,083 c) 0,5200 = 0,52
d) 12,6000 = 12,6 e) 2,00300 = 2,003 f) 05,20720 = 5,2072

Aufgabe 9

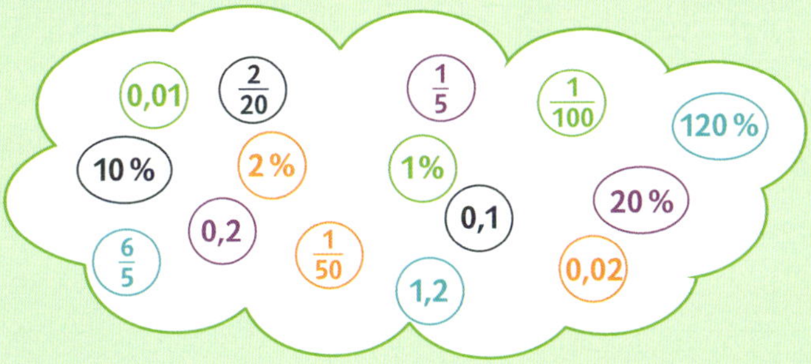

$0{,}01 = \frac{1}{100} = 1\,\%$

$\frac{6}{5} = 1{,}2 = 120\,\%$

$\frac{2}{20} = \frac{1}{10} = 0{,}1 = 10\,\%$

$2\,\% = \frac{2}{100} = \frac{1}{50} = 0{,}02$

$\frac{1}{5} = \frac{2}{10} = 0{,}2 = 20\,\%$

Aufgabe 10

a) 

b) 

c) 

Aufgabe 11

a) 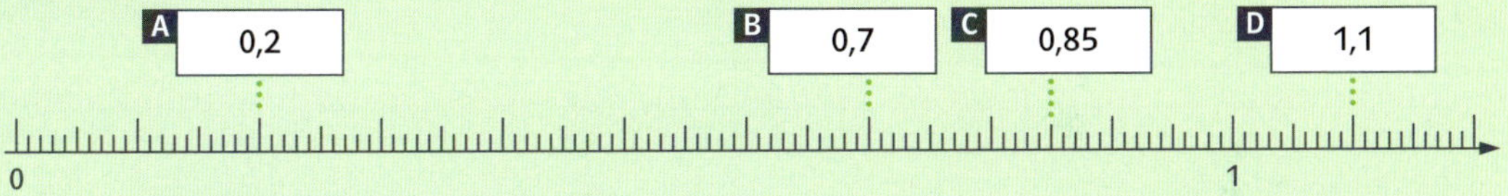

b) 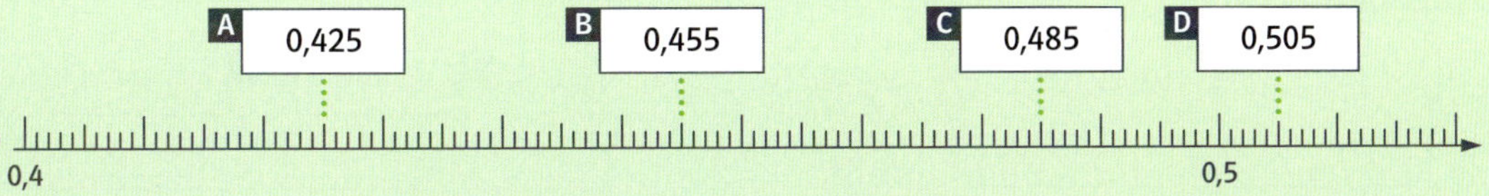

c) 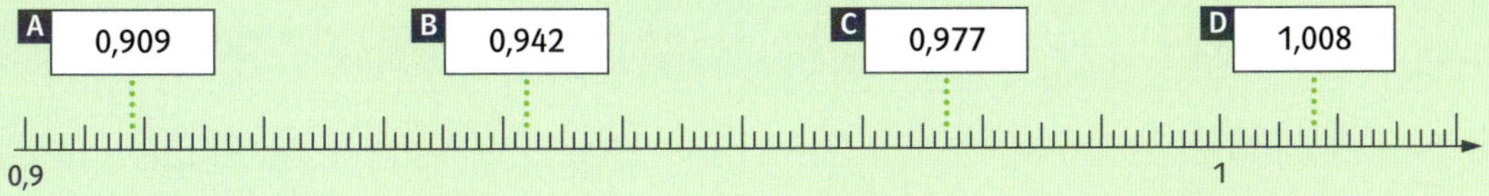

d) 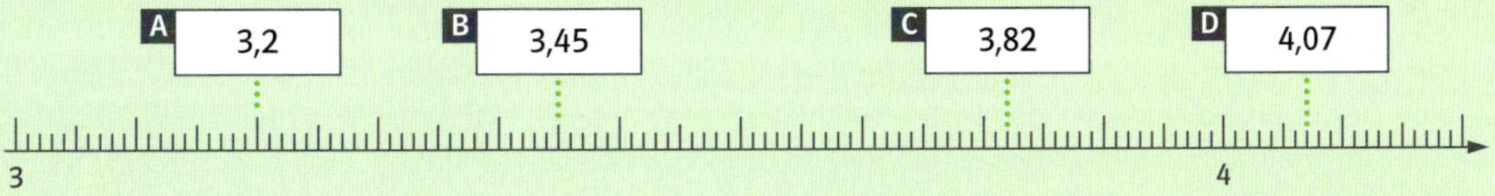

Aufgabe 12

a)
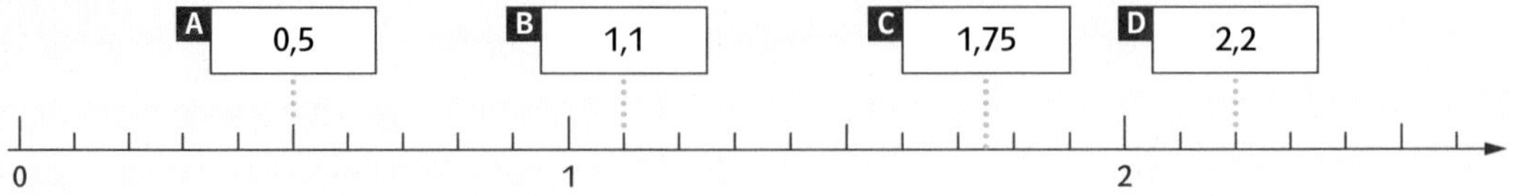

b)
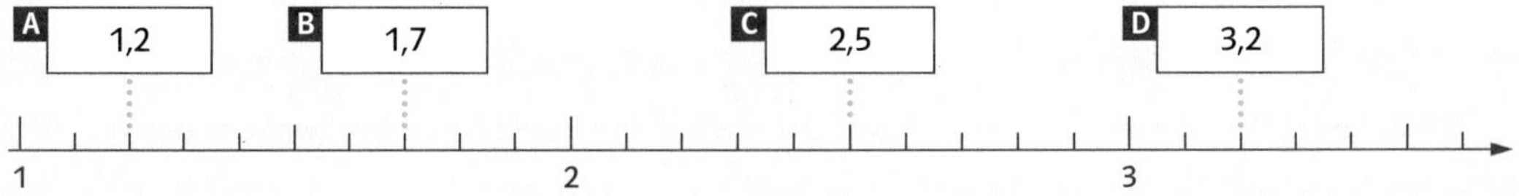

c)
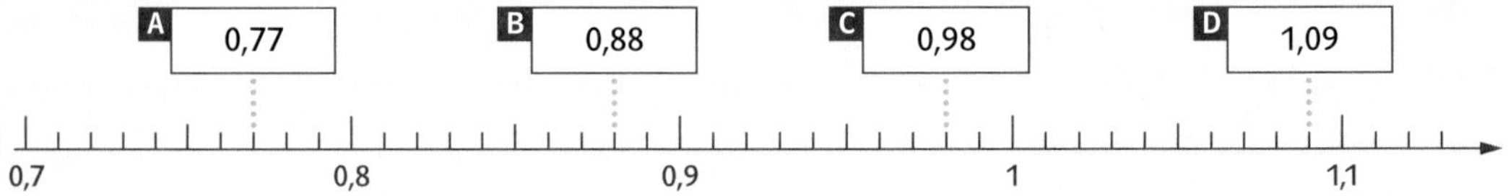

Aufgabe 13

a)
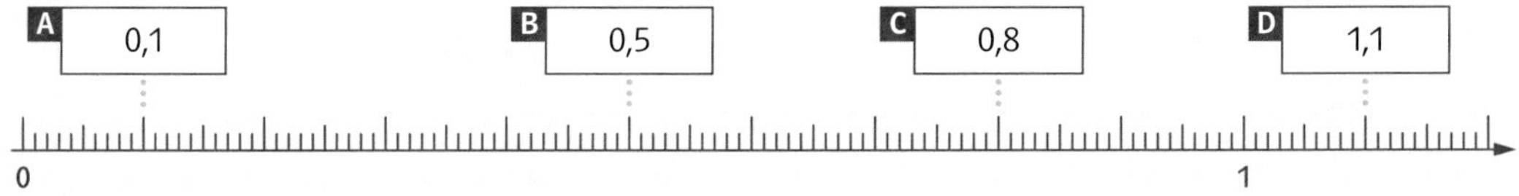

b)
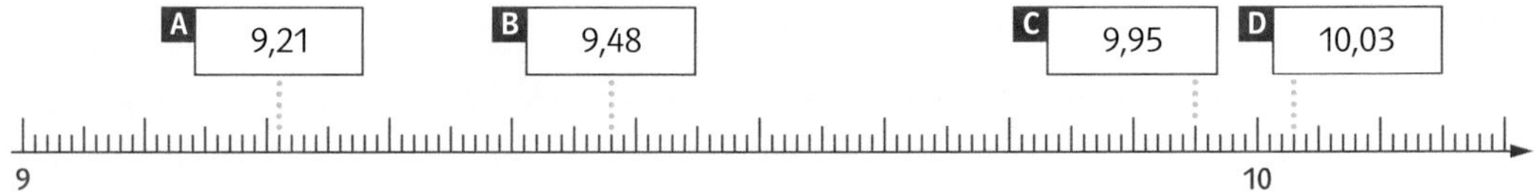

Aufgabe 14

a)
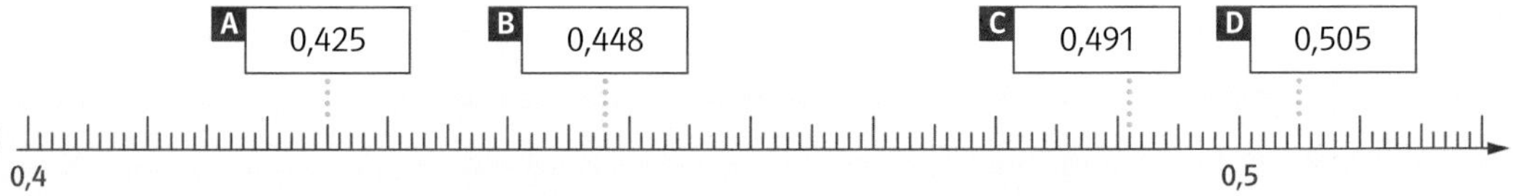

b)
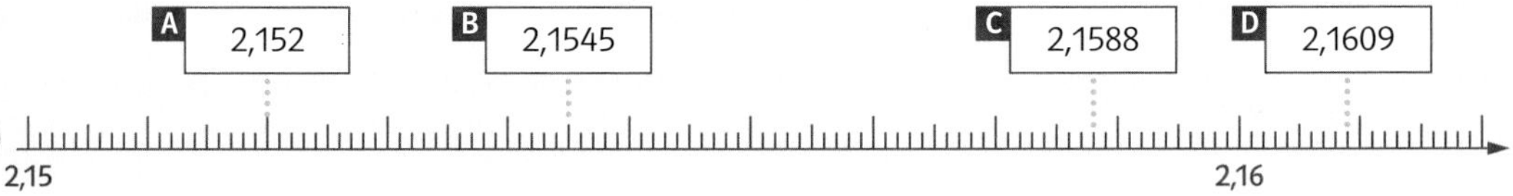

Aufgabe 15

a) Alle Dezimalbrüche, die an der ersten Nachkommastelle eine 7 haben, z.B. 0,71; 0,7089; 0,799
b) Alle Dezimalbrüche, die an den ersten zwei Nachkommastellen 27 haben, also 5,271; 5,275; 5,27001

Aufgabe 16

a) 1 > 0,1
b) 0,3 < 0,5
c) 0,02 < 0,20
d) 2,3 = 2,300
e) 1,22 > 1,15
f) 0,52 > 0,25
g) 2,006 < 2,06
h) 3,40 = 3,4
i) 0,8 < 0,81

Aufgabe 17

a) 0,3 > 0,03
b) 4,567 < 4,657
c) 0,720 < 0,7201
d) 0,002 < 0,020
e) 1,32 = 1,320
f) 3,4509 < 3,451
g) 0,456 < 0,546
h) 1,643 > 1,6043
i) 0,201 > 0,2001

Aufgabe 18

a) 0,97 ist größer als 0,75 und kleiner als 0,99.
b) 0,04 ist kleiner als 0,1.
c) 0,6 ist um 0,1 größer als 0,5.
d) 0,4 ist das Gleiche wie 0,40.
e) 0,75 ist fünf Hundertstel größer als 0,7.
f) 0,7 plus 0,3 ist 1.

Aufgabe 19

Aufgabe 20

Aufgabe 21

a) 0,052 < 0,3245 < 0,3254 < 0,45 < 2,043 < 2,5 < 3,024 < 3,245
b) 0,106 < 0,12670 < 0,7 < 1,027 < 1,267 < 1,76 < 2,071 < 2,167

Aufgabe 22

Name	Kim Collins	Francis Obikwelu	Justin Gatlin	Asafa Powell	Shawn Crawford	Obadele Thompson	Maurice Green
Zeit	10,00 s	9,86 s	9,85 s	9,94 s	9,89 s	10,10 s	9,87 s
Platz	6.	2.	1.	5.	4.	7.	3.

Aufgabe 23

a) 1,08 > 0,08

b) 32,75 < 3 ,75 alle Zahlen größer als 2, also 3; 4; 5; 6; 7; 8; 9

c) 0,708 < 0,709

d) 0,555 > 0,5 5 alle Ziffern kleiner als 5, also 4; 3; 2; 1; 0

Aufgabe 24

0,05 < 0,052 < 0,15 < 0,2 < 0,3 < 0,31 < 0,5 < 0,55 FRIDOLIN

Aufgabe 25

a) 20 cm = 2 dm
b) 15 mm = 1,5 cm
c) 123 m = 0,123 km
d) 1267 g = 1,267 kg
e) 35 mg = 0,035 g
f) 53,6 kg = 0,0536 t
g) 199 ct = 1,99 €
h) 75 ct = 0,75 €
i) 2 ct = 0,02 €

Aufgabe 26

a) 0,69 € = 69 ct
b) 12,05 € = 1205 ct
c) 0,1 € = 10 ct
d) 2,1 dm = 21 cm
e) 0,03 m = 0,3 dm
f) 25 cm = 250 mm
g) 0,021 t = 21 kg
h) 2,08 kg = 2080 g
i) 15,01 g = 15 010 mg

Aufgabe 27

a) 2,603 ≈ 3
b) 1,034 ≈ 1
c) 0,93 ≈ 1
d) 0,497 ≈ 0

Aufgabe 28

a) 2,34 ≈ 2,3
b) 0,493 ≈ 0,5
c) 1,7801 ≈ 1,8
d) 0,98 ≈ 1,0

Aufgabe 29

a) 1,641 ≈ 1,64
b) 0,1267 ≈ 0,13
c) 17,138 ≈ 17,14
d) 0,0954 ≈ 0,10

Aufgabe 30

a) 1,2269 ≈ 1,227
b) 0,02399 ≈ 0,024
c) 15,1101 ≈ 15,110
d) 0,6752 ≈ 0,675

Aufgabe 31

a) 1 €; 2 €; 1 €
b) 3 cm; 154 cm; 171 cm

Aufgabe 32

	auf Einer	auf 1 Nachkommastelle	auf 2 Nachkommastellen
3,456	3	3,5	3,46
1,501	2	1,5	1,50
0,007	0	0,0	0,01
0,642	1	0,6	0,64

Aufgabe 33

a) Die Zahl ergibt auf Hundertstel gerundet 0,07.

☒ 0,0749 ☒ 0,065 ☐ 0,0751 ☒ 0,07399

b) Die Zahl ergibt auf eine Stelle nach dem Komma gerundet 1,1.

☐ 1,2101 ☒ 1,149 ☒ 1,05 ☒ 1,091

Aufgabe 34

a) 1,1500 und 1,2499 b) 2,4950 und 2,5049 c) 0,2995 und 3,004

Lösungen zum Abschlusskompetenzcheck

	Lösung				
1	a) $\frac{71}{100}$	b) $\frac{2}{1000} = \frac{1}{500}$	c) $\frac{4}{10} = \frac{2}{5}$	d) $\frac{8}{100} = \frac{2}{25}$	e) $\frac{113}{100}$
2	a) 0,23	b) 14,1	c) 0,007	d) 0,52	
3	a) A: 0,05	B: 0,23	C: 0,7	D: 0,98	E: 1,09
	b) A: 0,32	B: 0,335	C: 0,358	D: 0,381	E: 0,409

4

a)
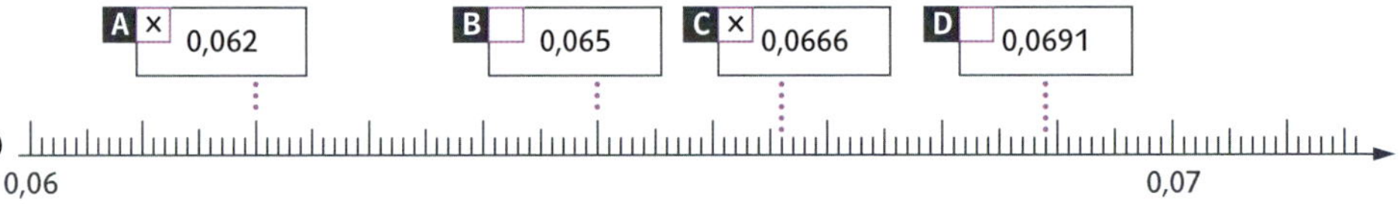

b)

5	a) 2 > 0,2	b) 0,23 < 0,32	c) 0,420 > 0,4020
	d) 1,101 > 1,011	e) 0,05 = 0,050	f) 1,202 > 1,2002
6	0,043 < 0,2034 < 0,2304 < 0,4032 < 0,423 < 1,0234		
7	a) 12,34 mm = 1,234 cm; 876 g = 0,876 kg		
	b) 0,51 m = 5,1 dm; 0,12 kg = 120 g		

8

	0,7915	2,4688	0,05981
auf Ganze	1	2	0
auf eine Nachkommastelle	0,8	2,5	0,1
auf zwei Nachkommastellen	0,79	2,47	0,06
auf drei Nachkommastellen	0,792	2,469	0,060

4 Rechnen mit Dezimalbrüchen

Kompetenzcheck
Addieren

Aufgabe 1

a) 2,8 + 5 = 7,8　　b) 0,6 + 0,4 = 1,0　　c) 1,3 + 0,9 = 2,2

Aufgabe 2

a)

	1	2,	3	4	5
+		$_1$9,	$_1$8	$_1$7	
	2	2,	2	1	5

b)

	1	0	2,	8	7	
+		$_1$1	$_1$9,	$_1$7	5	3
	1	2	2,	6	2	3

Aufgabe 3

a) 25,754 + 9,32　　Überschlag: 26 + 9 = 35
b) 0,247 + 1,858　　Überschlag: 0,2 + 1,9 = 2,1

Kompetenzcheck
Subtrahieren

Aufgabe 1

a) 5,8 − 3 = 2,8　　b) 1,9 − 0,6 = 1,3　　c) 3,2 − 1,7 = 1,5

Aufgabe 2

a)

	1	2,	3	4	5
−	$_1$	$_1$9,	$_1$8	7	
		2,	4	7	5

b)

	1	0	2,	8	7	
−		$_1$1	9,	7	$_1$5	3
		8	3,	1	1	7

Aufgabe 3

a) Überschlag: 49 − 9 = 40
b) Überschlag: 13 − 7 = 6

Kompetenzcheck
Multiplizieren

Aufgabe 1

a) 0,08 · 10 = 0,8
b) 0,572 · 100 = 57,2
c) 1,2345 · 1000 = 1234,5
d) 9,87 · 0,1 = 0,987
e) 135,7 · 0,01 = 1,357
f) 87,6 · 0,001 = 0,0876

Aufgabe 2

a) 0,2 · 6 = 1,2
b) 0,4 · 11 = 4,4
c) 1,2 · 8 = 9,6
d) 0,5 · 0,3 = 0,15
e) 1,2 · 1,2 = 1,44
f) 1,5 · 0,2 = 0,3

Aufgabe 3

a)

5	1,	7	9	·	2	4
	1	0	3	5	8	
		2	$_1$0	7	1	6
	1	2	4,	2	9	6

Überschlag: 50 · 2 = 100

b)

5,	4	3	·	2,	0	4
	1	0	8	6		
					0	
		$_1$	2	1	7	2
	1	1,	0	7	7	2

Überschlag: 5 · 2 = 10

Kompetenzcheck
Dividieren durch ganze Zahlen

Aufgabe 1

a) 8,1 : 10 = 0,81
b) 527,2 : 100 = 5,272
c) 12,6 : 1000 = 0,0126
d) 0,112 : 0,1 = 1,12
e) 1,234 : 0,01 = 123,4
f) 45,67 : 0,001 = 45 670

Aufgabe 2

a) 12,6 : 6 = 2,1
9,6 : 3 = 3,2
2,4 : 8 = 0,3

b)

1	2,	3	2	:	7	=	1,	7	6
	7								
	5	3							
	4	9							
		4	2						
		4	2						
			0						

8,	4	2	4	:	1	2	=	0,	7	0	2
0											
8	4										
8	4										
	0	2									
		0									
		2	4								
		2	4								
			0								

Kompetenzcheck
Dezimalbrüche dividieren

Aufgabe 1

a) 1,2 : 6 = 0,2
b) 2,4 : 8 = 0,3
c) 6 : 0,3 = 20
d) 0,9 : 0,3 = 3
e) 1,2 : 0,4 = 3
f) 3 : 1,5 = 2

Aufgabe 2

a)

8,	2	8	:	0,	3	=	2	7,	6
6									
2	2								
2	1								
	1	8							
	1	8							
		0							

b)

4	6,	7	5	:	2,	5	=	1	8,	7
2	5									
2	1	7								
2	0	0								
	1	7	5							
	1	7	5							
			0							

Aufgabe 1

a) 2,8 b) 4,75 c) 5,825 d) 3,3 e) 9,23 f) 73,267

Aufgabe 2

a) 0,9 b) 10,7 c) 9,8 d) 0,37 e) 4,70 f) 19,0

Aufgabe 3

a) 1,3 b) 0,45 c) 4,0 d) 26,90 e) 1,09 f) 20,09

Aufgabe 4

a) +0,4 + 0,4	0,8	1,2	1,6	2,0	2,4	2,8
b) +2,3 + 0,6	2,9	3,5	4,1	4,7	5,3	5,9
c) +1,5 + 1,5	3,0	4,5	6,0	7,5	9,0	10,5
d) +1,2 + 1,2	2,4	3,6	4,8	6,0	7,2	8,4
e) +1,25 + 1,25	2,5	3,75	5,0	6,25	7,5	8,75

Aufgabe 5

a) 0,6 + **0,4** = 1
b) 3,2 + **0,8** = 4
c) 8 + **4,7** = 12,7
d) 1,7 + **1,8** = 3,5
e) 9,3 + **1,9** = 11,2
f) **4,9** + 5,2 = 10,1

Aufgabe 6

a) 432,1 + 19,87 Überschlag: 430 + 20 = 450
b) 246,135 + 58,97 Überschlag: 250 + 60 + 310
c) 263,15 + 102,876 + 59,81 Überschlag: 260 + 100 + 60 = 420
d) 3,75 + 14,1 + 25,731 Überschlag: 4 + 14 + 26 = 44

Aufgabe 7

a)

	4	3	2,	1	
+		$_1$1	9,	8	7
	4	5	1,	9	7

b)

	2	4	6,	1	3	5
+	$_1$	$_1$5	$_1$8,	$_1$8	7	
	3	0	5,	0	0	5

c)

	2	6	3,	1	5	
+	1	0	2,	8	7	6
+	$_1$	$_1$5	$_1$9,	$_1$8	1	
	4	2	5,	8	3	6

d)

		3,	7	5	
+	1	4,	1		
+	$_1$2	$_1$5,	7	3	1
	4	3,	5	8	1

Aufgabe 8

a)

	1	2,	6	7	
+	5	$_1$2,	7	2	
	6	5,	3	9	

Ü: 13 + 53 = 66

b)

	1	1	2,	9	3	
+		1	$_1$1,	2		
	1	2	4,	1	3	

Ü: 113 + 11 = 124

c)

		9	7	1,	9	4	3
+		$_1$1	6	$_1$4,	1		
	1	1	3	6,	0	4	3

Ü: 972 + 164 = 1136

d)

	2	5,	7	5	4
+		4,	8		
+	$_1$	$_1$9,	3	2	
	3	9,	8	7	4

Ü: 26 + 5 + 9 = 40

e)

		0,	2	4	7	
+	1	3,	8			
+		$_1$1,	8	$_1$4	3	
	1	5,	8	9	0	

Ü: 0 + 14 + 2 = 16

f)

	2	5,	7	3	1		
+		6,	4	6			
+	$_1$1	$_1$4,	1				
	4	6,	2	9	1		

Ü: 26 + 6 + 14 = 46

Aufgabe 9

a), b)

	Lauf 1	Lauf 2	Lauf 3	Lauf 4	gesamt	Platz
Deutschland 1	51,14 s	51,05 s	51,29 s	51,36 s	204,84 s	2.
Deutschland 2	51,14 s	51,36 s	51,45 s	51,63 s	205,58 s	5.
Kanada 1	51,12 s	51,03 s	51,24 s	51,46 s	204,85 s	3.
Kanada 2	51,24 s	51,29 s	51,50 s	51,54 s	205,57 s	4.
USA 1	50,89 s	50,86 s	51,19 s	51,52 s	204,46 s	1.

c) 204,46 s + □ = 204,84 s; □ = 0,38 s
Um 0,38 s war der Erste schneller.

Aufgabe 10

a) 2,2 + 5,8 = 7,**10**
0,2 + 0,8 = 1,0
also 2,2 + 5,8 = 8,0

b) Die Zahlen stehen nicht stellengerecht untereinander.

	1,	3	5
+	$_1$3,	9	
	5,	2	5

Aufgabe 11

a) 6,7 − 5 = 1,7
b) 23,9 − 11 = 12,9
c) 1,12 − 1 = 0,12
d) 25,324 − 15 = 10,324
e) 45,678 − 19 = 26,678
f) 35,25 − 35 = 0,25

Aufgabe 12

a) 7,2 – 6,1 = 1,1
b) 5,8 – 1,3 = 4,5
c) 30,9 – 25,4 = 5,5
d) 8,50 – 6,25 = 2,25
e) 6,0 – 4,5 = 1,5
f) 9,75 – 2,68 = 7,07

Aufgabe 13

a) 14,7 – 6,7 = 8
b) 1,8 – 0,9 = 0,9
c) 23,4 – 5,6 = 17,8
d) 10,1 – 7,4 = 2,7
e) 10 – 9,99 = 0,01
f) 7,2 – 6,4 = 0,8

Aufgabe 14

21,8	19,8	17,8	15,8	13,8	11,8	9,8
10,5	10,0	9,5	9,0	8,5	8,0	7,5
9,6	9,2	8,8	8,4	8,0	7,6	7,2
13,5	12,3	11,1	9,9	8,7	7,5	6,3
1,50	1,35	1,20	1,05	0,90	0,75	0,60

Aufgabe 15

a) 9,4 – 4,7 =   = 4,7
b) 10,4 – 6,8 =   = 3,6
c) 9,4 – 4,9 =   = 4,5

d) 6,3 – 3,6 =   = 2,7
e) 8,8 – 3,4 =   = 5,4
f) 5,9 + 2,3 =   = 8,2

g) 16,6 – 12,8 =   = 3,8
h) 0,79 – 0,43 =   = 0,36
i) 0,54 – 0,37 =   = 0,17

Aufgabe 16

a) 87,65 – 43,21
Überschlag: 88 – 43 = 45

b) 64,2 – 35,71
Überschlag: 64 – 36 = 28

c) 527,21 – 126,7 – 11,1
Überschlag: 527 – 127 – 11 = 389

d) 95,223 – 10,37 – 7,9
Überschlag: 95 – 10 – 8 = 77

Aufgabe 17

a)

	8	7,	6	5
–	4	3,	2	1
	4	4,	4	4

b)

	5	2	7,	2	1
–	1	2	6,	7	
–	$_1$	$_1$1	$_1$1,	1	
	3	8	9,	4	1

c)

	9	5,	2	2	3
–	1	0,	3	7	
–	$_1$	$_2$7,	$_1$9		
	7	6,	9	5	3

Aufgabe 18

a)

	9	7,	5	4	
−	8	0,	$_1$3	6	
	1	7,	1	8	

Ü: 98 − 80 = 18

b)

	1	6	0,	1	6
−		$_1$3	$_1$8,	$_1$3	9
	1	2	1,	7	7

Ü: 160 − 38 = 122

c)

	4	1,	9	6	8
−	$_1$	3,	$_1$6	9	
	3	8,	2	7	8

Ü: 42 − 4 = 38

d)

	8	7	6,	5	4
−		1	2,	3	4
−			$_1$2,	4	
	8	6	1,	8	0

Ü: 877 − 12 − 2 = 863

e)

	6	5,	6	5	6
−		3,	2	3	
−	1	$_1$0,	9		
	5	1,	5	2	6

Ü: 66 − 3 − 11 = 52

f)

	2	5,	9	3	3
−	2	1,	7	6	
−		1,	$_1$0	1	
		3,	1	6	3

Ü: 26 − 22 − 1 = 3

Aufgabe 19

a)

	8	4,	7	6
−	2	3,	6	2
	6	1,	1	4

b) Hier sind alle Zahlen möglich, die sich um 1 unterscheiden, z. B.

	3,	0	7
−	1,	1	3
	1,	9	4

c)

	6,	9	4	8
−	4,	$_1$6	2	
	2,	3	2	8

Aufgabe 20

a) 65,4 − 0,3 = 65,1
b) 34,5 − 0,6 = 33,9
c) 45,3 − 0,6 = 44,7

Aufgabe 21

a) 35,64 · 10 = 356,4
b) 0,414 · 100 = 41,4
c) 4,85 · 1000 = 4850
d) 2,3 · 10 = 23
e) 0,25 · 100 = 25
f) 0,054845 · 10 000 = 548,45

Aufgabe 22

a) 56,7 · 0,1 = 5,67
b) 9,8 · 0,01 = 0,098
c) 9876,5 · 0,001 = 9,8765
d) 0,5 · 0,1 = 0,05
e) 112,93 · 0,01 = 1,1293
f) 27,6 · 0,001 = 0,0276

Aufgabe 23

a)

·	10	100	1000	10 000
0,5	5	50	500	5000
1,234	12,34	123,4	1234	12 340
0,0654	0,654	6,54	65,4	654

b)

·	0,1	0,01	0,001
543,2	54,32	5,432	0,5432
27,67	2,767	0,2767	0,02767
9,7	0,97	0,097	0,0097

Aufgabe 24

$0{,}52 \cdot 10 = 5{,}2$ $\quad$ $5{,}2 \cdot 10 = 52$ $\quad$ $5{,}2 \cdot 0{,}1 = 0{,}52$

$520 \cdot 0{,}01 = 5{,}2$ $\quad$ $0{,}052 \cdot 1000 = 52$ $\quad$ $52 \cdot 0{,}01 = 0{,}52$

Aufgabe 25

a) $0{,}63 \cdot 1000 = 630$ $\quad$ b) $1{,}7 \cdot 0{,}01 = 0{,}017$ $\quad$ c) $7{,}2 \cdot 0{,}01 = 0{,}072$

d) $0{,}646 \cdot 10\,000 = 6460$ $\quad$ e) $0{,}45 \cdot 0{,}01 = 0{,}0045$ $\quad$ f) $0{,}0809 \cdot 100 = 8{,}09$

Aufgabe 26

a) $0{,}3 \cdot 5 = 1{,}5$ $\quad$ b) $0{,}12 \cdot 7 = 0{,}84$ $\quad$ c) $2{,}1 \cdot 6 = 12{,}6$ $\quad$ d) $0{,}015 \cdot 4 = 0{,}060$

e) $0{,}23 \cdot 5 = 1{,}15$ $\quad$ f) $0{,}2 \cdot 4 = 0{,}8$ $\quad$ g) $1{,}6 \cdot 5 = 8{,}0$ $\quad$ h) $0{,}09 \cdot 3 = 0{,}27$

Aufgabe 27

a) $0{,}8 \cdot 0{,}1 = 0{,}08$ $\quad$ b) $1{,}1 \cdot 0{,}9 = 0{,}99$ $\quad$ c) $0{,}8 \cdot 0{,}7 = 0{,}56$ $\quad$ d) $0{,}12 \cdot 0{,}3 = 0{,}036$

e) $0{,}2 \cdot 1{,}5 = 0{,}30$ $\quad$ f) $1{,}3 \cdot 0{,}8 = 1{,}04$ $\quad$ g) $0{,}4 \cdot 0{,}5 = 0{,}20$ $\quad$ h) $0{,}35 \cdot 0{,}2 = 0{,}070$

Aufgabe 28

a)

2	0,5	1
0,2	1,2	0,24
0,4	0,60	**0,24**

b)

0,8	1,3	1,04
2,1	0,4	0,84
1,68	0,52	**0,8736**

Aufgabe 29

a)

2	5	6	3	·	4	0	1
	1	0	2	5	2	0	0
						0	0
				2	5	6	3
	1	0	2	7	7	6	3

5 Nachkommastellen,
also $2{,}563 \cdot 4{,}01 = 10{,}27763$
Überschlag: $3 \cdot 4 = 12$

b)

6	1	9	1	·	2	2	3
	1	2	3	8	2		
		1	2	3	8	2	
			$_{2}1$	$_{1}8$	5	7	3
	1	3	8	0	5	9	3

4 Nachkommastellen,
also $61{,}91 \cdot 2{,}23 = 138{,}0593$
Überschlag: $62 \cdot 2 = 124$

c)

1	2	4	·	7	9
		8	6	8	
		1	1	1	6
		9	7	9	6

4 Nachkommastellen,
also $1{,}24 \cdot 0{,}79 = 0{,}9796$
Überschlag: $1 \cdot 1 = 1$

d)

3	9	8	2	·	5	9	
	1	9	9	1	0		
	$_{1}$	$_{1}3$	5	8	3	8	
	2	3	4	9	3	8	

3 Nachkommastellen,
also $5{,}9 \cdot 39{,}82 = 234{,}938$
Überschlag: $6 \cdot 40 = 240$

e)

1	0	4	2	·	5		
		5	2	1	0		

3 Nachkommastellen,
also $10{,}42 \cdot 0{,}5 = 5{,}210$
Überschlag: $10 \cdot 1 = 10$
oder $10 \cdot \frac{1}{2} = 5$

f)

1	5	9	·	4	8
		6	3	6	
		1	$_{1}2$	7	2
		7	6	3	2

3 Nachkommastellen,
also $15{,}9 \cdot 0{,}48 = 7{,}632$
Überschlag: $16 \cdot 0{,}5 = 8$

Aufgabe 30

a) 52,731 · 1,32 = **69,60492**
5 Nachkommastellen

b) 0,13 · **9312,4** = 1210,612
3 − 2 = 1 Nachkommastelle

e) **8,02** · 66,39 = 532,4478
4 − 2 = 2 Nachkommastellen

d) 72,71 · **93,01** = 6762,7571
4 − 2 = 2 Nachkommastellen

Aufgabe 31

a) Überschlag 10 · 4 = 40, Endziffer 3 · 2 = 6, also 40,446
b) Überschlag 31 · 0,1 = 3,1, also 4,4198
c) Überschlag 40 · 8 = 320, Endziffer 6 · 2 = 12, also 333,432
d) Überschlag 5 · 80 = 400, also 413,40
e) Überschlag 1 · 500 = 500, Endziffer 9 · 4 = 36, also 375,36

Aufgabe 32

a) 0,5 · 0,3 = 0,15 b) 7,1 · 10 = 71,0 c) 0,4 · 0,5 = 0,20 d) 0,003 · 3 = 0,009

a) 5 · 3 = 15, 2 Nachkommastellen, also Ergebnis 0,15
b) Hier wurde die Null falsch eingefügt; eigentlich muss man hier nur das Komma verschieben.
7,1 · 10 = 71,0
c) 4 · 5 = 20, 2 Nachkommastellen, also Ergebnis 0,20
d) Hier wurde addiert statt multipliziert. 3 · 3 = 9, 3 Nachkommastellen, also 0,009

Aufgabe 33

a) 42,605 : 10 = 4,2605
b) 7,15 : 100 = 0,0715
c) 541,2 : 1 000 = 0,5412
d) 0,54 : 10 = 0,054
e) 48,5 : 100 = 0,485
f) 982,31 : 10 000 = 0,09231

Aufgabe 34

a) 78,91 : 0,1 = 789,1
b) 0,126 : 0,01 = 12,6
c) 0,23 : 0,001 = 230
d) 2,34 : 0,1 = 23,4
e) 0,25 : 0,01 = 25
f) 0,0112 : 0,001 = 11,2

Aufgabe 35

:	10	100	1000	10 000
123,4	12,34	1,234	0,1234	0,01234
56,78	5,678	0,5678	0,05678	0,005678
9,08	0,908	0,0908	0,00908	0,000908

:	0,1	0,01	0,001
23,45	234,5	2345	23 450
0,0321	0,321	3,21	32,1
0,3	3	30	300

Aufgabe 36

0,79 : 10 = 0,079
0,079 : 0,001 = 79
0,79 : 0,1 = 7,9
790 : 100 = 7,9
79 : 1000 = 0,079
7,9 : 0,1 = 79
0,0079 : 0,001 = 7,9

Aufgabe 37

a) 630 : 1000 = 0,63 b) 1,7 : 100 = 0,017 c) 6,8 : 100 = 0,068
d) 0,45 : 100 = 0,0045 e) 0,646 : 0,001 = 646 f) 0,0809 : 0,01 = 8,09

Aufgabe 38

a) 5,5 : 5 = 1,1 b) 12,9 : 3 = 4,3 c) 24,8 : 4 = 6,2 d) 18,6 : 6 = 3,1
e) 0,15 : 3 = 0,05 f) 5,6 : 8 = 0,7 g) 1,12 : 8 = 0,14 h) 0,81 : 9 = 0,09
i) 0,66 : 3 = 0,22 j) 4,9 : 7 = 0,7 k) 0,012 : 4 = 0,003 l) 0,077 : 11 = 0,007

Aufgabe 39

a) 426 : 5 = 85,2 b) 42,6 : 5 = 8,52 c) 4,26 : 5 = 0,852 d) 0,426 : 5 = 0,0852
e) 4260 : 50 = 85,2 f) 426 : 50 = 8,52 g) 42,6 : 50 = 0,852 h) 4,26 : 50 = 0,0852

Bei diesen Aufgaben muss man das Komma verschieben.
a) – d) jeweils eine Stelle nach links
e) Hier kannst du jeweils eine Null streichen, also 4260 : 50 = 426 : 5.
f) – h) Komma wieder jeweils eine Stelle weiter nach links

Aufgabe 40

a) 30,32 : 8 = **3,97** b) 412,5 : 3 = **137,5** c) **6,828** : 12 = 0,569
d) **32,2** : 5 = 6,44 e) **110,432** : 7 = 15,776 f) 649,8 : 9 = **72,2**

Aufgabe 41

a)

3	5,	8	8	:	6	=	5,	9	8
3	0								
	5	8							
	5	4							
		4	8						
		4	8						
			0						

b)

4	9,	6	2	3	:	7	=	7,	0	8	9
4	9										
	0	6									
		0									
		6	2								
		5	6								
			6	3							
			6	3							
				0							

c)

5	3	2,	3	2	:	8	=	6	6,	5	4
4	8										
	5	2									
	4	8									
		4	3								
		4	0								
			3	2							
			3	2							
				0							

d)

3,	5	2	:	5	=	0,	7	0	4
0									
3	5								
3	5								
	0	2							
		0							
		2	0						
		2	0						
			0						

Aufgabe 42

a)

4	2,	6	:	1	5	=	2,	8	4
3	0								
1	2	6							
1	2	0							
		6	0						
		6	0						
			0						

b)

0,	3	7	4	:	1	1	=	0,	0	3	4
0											
0	3										
	0										
	3	7									
	3	3									
		4	4								
		4	4								
			0								

c)

9	1	0,	6	5	:	5	0	=	1	8,	2	1	3
5	0												
4	1	0											
4	0	0											
	1	0	6										
	1	0	0										
			6	5									
			5	0									
			1	5	0								
			1	5	0								
					0								

d)

2	8,	0	8	:	1	2	=	2,	3	4
2	4									
	4	0								
	3	6								
		4	8							
		4	8							
			0							

Aufgabe 43

a) 15 : 3 = 5
b) 12 : 4 = 3
c) 50 : 1 = 50
d) 20 : 5 = 4
e) 32 : 8 = 4
f) 100 : 25 = 4
g) 60 : 5 = 12
h) 180 : 6 = 30

Aufgabe 44

:	0,5	0,05	0,35
3,5	7	70	10
0,35	0,7	7	1

:	0,4	0,04	1,6
4,8	12	120	3
0,48	1,2	12	0,3

Aufgabe 45

a) 0,064 $\xrightarrow{:0,2}$ 0,32 $\xrightarrow{:0,2}$ 1,6 $\xrightarrow{:0,2}$ 8

b) 14,4 $\xrightarrow{:1,2}$ 12 $\xrightarrow{:1,2}$ 10

Aufgabe 46

a) 22,8 : 4,56
☐ 0,05 ☐ 0,5 ☒ 5 ☐ 50 ☐ 500

b) 1,61 : 0,07
☐ 0,023 ☐ 0,23 ☐ 2,3 ☒ 23 ☐ 230

c) 18,45 : 1,5
☐ 0,0123 ☐ 0,123 ☐ 1,23 ☒ 12,3 ☐ 123

Aufgabe 47

a) 7,5 : 0,5 = = 15

b) 13,2 : 1,2 = = 11

c) 0,117 : 0,9 = = 0,13

d) 13,6 : 0,08 = = 170

Aufgabe 48

a) 0,1893 : 0,03 =

1	8,	9	3	:	3	=	6,	3	1
1	8								
	0	9							
		9							
		0	3						
			3						
			0						

b) 0,5229 : 0,9 =

5,	2	2	9	:	9	=	0,	5	8	1
0										
5	2									
4	5									
	7	2								
	7	2								
		0	9							
		0	9							
			0							

c) 7,0161 : 0,7 =

7	0,	1	6	1	:	7	=	1	0,	0	2	3
7												
0	0											
	0											
	0	1										
		0										
		1	6									
		1	6									
			2	1								
			2	1								
				0								

b) 0,5436 : 0,06 =

5	4,	3	6	:	6	=	9,	0	6
5	4								
	0	3							
		0							
		3	6						
		3	6						
			0						

e) 6,789 : 0,5 =

6	7,	8	9	:	5	=	1	3,	5	7	8
5											
1	7										
1	5										
	2	8									
	2	5									
		3	9								
		3	5								
			4	0							
			4	0							
				0							

f) 17,484 : 1,2 =

1	7	4,	8	4	:	1	2	=	1	4,	5	7
1	2											
	5	4										
	4	8										
		6	8									
		6	0									
			8	4								
			8	4								
				0								

Aufgabe 49

a) 24,684 : 1,1 =

2	4	6,	8	4	:	1	1	=	2	2,	4	4
2	2											
	2	6										
	2	2										
		4	8									
		4	4									
			4	4								
			4	4								
				0								

b) 0,5229 : 0,9 =

5,	2	2	9	:	9	=	0,	5	8	1
0										
5	2									
4	5									
	7	2								
	7	2								
		0	9							
		0	9							
			0							

c) 1,357 : 0,2 =

1	3,	5	7	:	2	=	6,	7	8	5
1	2									
	1	5								
	1	4								
		1	7							
		1	6							
			1	0						
			1	0						
				0						

d) 0,2413 : 0,025 =

2	4	1,	3	:	2	5	=	9,	6	5	2
2	$_{1}2$	5									
	1	6	3								
	1	5	0								
		1	3	0							
		1	2	5							
				5	0						
				5	0						
					0						

Aufgabe 50

a) 24,99 : 7 = 3,57

b) 4,344 : 0,8 = 5,43

c) 0,3681 : 0,09 = 4,09

d) 3,927 : 0,11 = 35,7

e) 0,5535 : 1,5 = 0,369

Lösungen zum Abschlusskompetenzcheck

Lösung

1 a) 2,2 + 4,5 = 6,7 1,6 + 5,5 = 7,1 7,5 + 0,58 = 8,08

b)

	2	1,	5	7	8
+		9,	7	1	
+		3,	1	4	7
	3	4,	4	3	5

Überschlag: 22 + 10 + 3 = 35

		3,	5	4	8
+	2	0,	1	7	9
+		9,	7	1	
	3	3,	4	3	7

Überschlag: 4 + 20 + 10 = 34

2 a) 3,4 − 1,3 = 2,1 8,3 − 2,7 = 5,6 1,37 − 0,73 = 0,64

b)

	1	8,	7	6	5
−		4,	3	8	
	1	4,	3	8	5

Überschlag: 19 − 4 = 15

	5	2,	7	2	1
−	1	2,	6	7	
−		1,	1		
	3	8,	9	5	1

Überschlag: 53 − 13 − 1 = 39

3

0,24 · 10 = **2,4**	24 : 100 = **0,24**	2,4 · 10 = **24**	0,0024 : 0,1 = **0,024**
0,24 : 0,1 = **2,4**	2,4 · 0,1 = **0,24**	0,024 : 0,001 = **24**	24 : 1000 = **0,024**

4 a) 0,7 · 8 = 5,6 1,2 · 0,3 = 0,36 0,25 · 0,3 = 0,075

b)

1	2,	3	4	5	·	6,	3
		7	4	0	7	0	
			3	7	0	3	5
		7	7	7	7	3	5

4 Nachkommastellen,
also 12,345 · 6,3 = 77,7735

5,	4	3	·	2,	1
	1	0	8	6	
		$_1$	$_1$5	4	3
	1	1	4	0	3

3 Nachkommastellen,
also 5,43 · 2,1 = 11,403

<table>
<tr><th></th><th>Lösung</th></tr>
<tr><td>5</td><td>
a) 12,8 : 4 = 3,2   0,35 : 0,7 = 0,5   8,48 : 8 = 1,06
b)
<table>
<tr><td>3,</td><td>2</td><td>1</td><td>:</td><td>6</td><td>=</td><td>0,</td><td>5</td><td>3</td><td>5</td></tr>
<tr><td>0</td><td></td><td></td><td></td><td></td><td></td><td></td><td></td><td></td><td></td></tr>
<tr><td>3</td><td>2</td><td></td><td></td><td></td><td></td><td></td><td></td><td></td><td></td></tr>
<tr><td>3</td><td>0</td><td></td><td></td><td></td><td></td><td></td><td></td><td></td><td></td></tr>
<tr><td></td><td>2</td><td>1</td><td></td><td></td><td></td><td></td><td></td><td></td><td></td></tr>
<tr><td></td><td>1</td><td>8</td><td></td><td></td><td></td><td></td><td></td><td></td><td></td></tr>
<tr><td></td><td></td><td>3</td><td>0</td><td></td><td></td><td></td><td></td><td></td><td></td></tr>
<tr><td></td><td></td><td>3</td><td>0</td><td></td><td></td><td></td><td></td><td></td><td></td></tr>
<tr><td></td><td></td><td></td><td>0</td><td></td><td></td><td></td><td></td><td></td><td></td></tr>
</table>
<table>
<tr><td>0,</td><td>9</td><td>8</td><td>7</td><td>6</td><td>:</td><td>0,</td><td>0</td><td>8</td><td>=</td><td></td><td></td></tr>
<tr><td>9</td><td>8,</td><td>7</td><td>6</td><td>:</td><td>8</td><td>=</td><td>1</td><td>2,</td><td>3</td><td>4</td><td>5</td></tr>
<tr><td>8</td><td></td><td></td><td></td><td></td><td></td><td></td><td></td><td></td><td></td><td></td><td></td></tr>
<tr><td>1</td><td>8</td><td></td><td></td><td></td><td></td><td></td><td></td><td></td><td></td><td></td><td></td></tr>
<tr><td>1</td><td>6</td><td></td><td></td><td></td><td></td><td></td><td></td><td></td><td></td><td></td><td></td></tr>
<tr><td></td><td>2</td><td>7</td><td></td><td></td><td></td><td></td><td></td><td></td><td></td><td></td><td></td></tr>
<tr><td></td><td>2</td><td>4</td><td></td><td></td><td></td><td></td><td></td><td></td><td></td><td></td><td></td></tr>
<tr><td></td><td></td><td>3</td><td>6</td><td></td><td></td><td></td><td></td><td></td><td></td><td></td><td></td></tr>
<tr><td></td><td></td><td>3</td><td>2</td><td></td><td></td><td></td><td></td><td></td><td></td><td></td><td></td></tr>
<tr><td></td><td></td><td></td><td>4</td><td>0</td><td></td><td></td><td></td><td></td><td></td><td></td><td></td></tr>
<tr><td></td><td></td><td></td><td>4</td><td>0</td><td></td><td></td><td></td><td></td><td></td><td></td><td></td></tr>
<tr><td></td><td></td><td></td><td></td><td>0</td><td></td><td></td><td></td><td></td><td></td><td></td><td></td></tr>
</table>
</td></tr>
<tr><td>6</td><td>
a) 1,75 + 3,35 = 5,10 = 5,1   b) 6,2 − 1,85 = 4,35   c) 0,3 · 1,75 = 0,525
d) 0,6149 : 1,3 = 0,473   e) 9,7 · 0,05 = 0,485   f) 4,344 : 0,08 = 54,3
</td></tr>
</table>